LA GEOMETRÍA DE LA CONCIENCIA

Enseñanzas místicas
del filósofo griego
Pitágoras

La geometría de la conciencia

Colección: Osho Classics

Título original:
Philosophia Perennis, Talks of Pythagoras

© 1978. Osho International Foundation www.osho.com/copyrights

© De la traducción, Osho International Foundation

© 2026. De esta edición, **Ordinal LLC**

El material de este libro es una transcripción de una serie
de conferencias llamadas **Philosophia Perennis** que dio Osho
en público. Todos los textos de Osho han sido publicados
íntegramente en inglés y también están disponibles las
grabaciones originales en audio. Ambas se pueden encontrar
on-line en la biblioteca de la www.osho.com.

D.R. © 2026, derechos de edición en español | **Ordinal LLC**

Ordinal LLC – USA
www.ordinalbooks.com

Diseño de portada: Manuel Hernández
Diseño de interiores: Janduy Barreto
Cuidado de la edición: Yeana González
Daniella Gama | Karla Hernández

D.R. © **Ordinal LLC**

ISBN: 978-1-972050-05-7

LA GEOMETRÍA DE LA CONCIENCIA

Enseñanzas místicas del filósofo griego Pitágoras

CONTENIDO

Capítulo 1
El mayor lujo 7

Capítulo 2
Logos, poder, necesidad 29

Capítulo 3
El dorado medio 54

Capítulo 4
La iluminación es tu derecho de nacimiento........77

Capítulo 5
Sólo Dios es 98

Capítulo 6
Respuestas a preguntas 121

Acerca del autor.. 170

Acerca del Osho International
Meditation Resort 171

Capítulo 1

El mayor lujo

Rinde el culto consagrado a los dioses inmortales; guárdales tu fe.

*Reverencia la memoria de los ilustres héroes, de los espíritus,
de los semidioses.*

Sé buen hijo, hermano justo, tierno esposo y buen padre.

*Elige como amigo al amigo de la virtud; ríndete a sus dulces consejos,
benefíciate de su vida, y nunca lo abandones por desavenencias triviales, al
menos, si puedes; porque una ley más rígida liga el poder a la necesidad.*

Pitágoras representa al eterno peregrino en busca de *Philosophia Perennis* —
la filosofía perenne de la vida. Él es el buscador de la verdad por excelencia.
Arriesgó todo lo que tenía por la búsqueda. Viajó a lugares remotos, por
casi todo el mundo conocido en aquellos días, en la búsqueda de maestros,
de escuelas de misterio, de cualquier secreto oculto. Fue de Grecia a Egipto en busca de la perdida Atlántida y sus secretos.

En Egipto estaba, todavía intacta, la gran biblioteca de Alejandría.
Contenía todos los secretos del pasado. Era la mayor biblioteca que haya
existido jamás en la Tierra; más tarde sería destruida por un musulmán
fanático. La biblioteca era tan grande que cuando fue quemada, estuvo ar-
diendo durante seis meses. En tiempos de Pitágoras sólo hacía veinticinco
siglos que un gran continente, la Atlántida, había desaparecido en el océano. El océano Atlántico recibe su nombre de ese continente, la Atlántida.

La Atlántida era el continente más antiguo de la Tierra, y su civilización alcanzó las más altas cimas posibles. Pero cuando una civilización alcanza una gran cima, surge un peligro —el peligro de derrumbarse, el peligro de suicidarse.

Ahora la humanidad está afrontando ese peligro de nuevo. Cuando el hombre se vuelve poderoso no sabe qué hacer con ese poder. Cuando el poder es excesivo y la comprensión muy pequeña, el poder siempre ha demostrado ser peligroso. La Atlántida no se hundió en el océano por ninguna catástrofe natural. En realidad, como está pasando ahora, fue el resultado del poder del hombre sobre la naturaleza. La causa del hundimiento de la Atlántida fue la energía atómica; fue un suicidio del propio hombre. Pero todos los escritos y todos los secretos de la Atlántida se preservaban en Alejandría.

Alrededor de todo el mundo hay leyendas, historias acerca de la «gran inundación». Esas historias proceden del hundimiento de la Atlántida. Todas esas leyendas —cristianas, judías, hindúes— hablan de una gran inundación que acaeció una vez en el pasado y que destruyó, casi por completo, toda la civilización. Tan sólo sobrevivieron unos cuantos iniciados, maestros. Noé era un maestro, un gran maestro, y su Arca sólo es un símbolo. No obstante, algunas personas sobrevivieron a la catástrofe. Con ellas, se salvaron todos los secretos que la civilización había descubierto. Fueron preservados en Alejandría.

Pitágoras vivió en Alejandría durante años. Estudió allí, fue iniciado en las escuelas místicas de Egipto —especialmente en los misterios de las escuelas místicas de Hermes. Luego vino a India, fue iniciado en todo lo que los brahmines de esta anciana tierra habían descubierto, todo lo que India había aprendido del mundo interior del hombre.

Estuvo en India durante años, y también viajó al Tíbet y luego a China. Ése era todo el mundo conocido en aquel tiempo. Toda su vida fue un buscador, un peregrino en busca de una filosofía —filosofía en el verdadero sentido de la palabra: «amor por la sabiduría». Él era un amante, un filósofo —no en el sentido moderno de la palabra, sino en el antiguo, en el ancestral sentido de la palabra. Porque un amante no se puede limitar a especular, un amante no se puede limitar a pensar acerca de la verdad, un amante tiene que buscar, arriesgarse, aventurarse.

La verdad es la amada. ¿Cómo te vas a limitar a pensar en ella? Con la amada, tienes que estar conectado con el corazón. La búsqueda no puede ser sólo intelectual; en el fondo, tiene que ser intuitiva. Puede que al principio tenga que ser intelectual, pero sólo al principio. Sólo el punto de partida tiene que ser intelectual, pero al final tiene que llegar hasta el centro de tu ser.

Él era uno de los hombres más generosos, más liberal, democrático, desprejuiciado, abierto. Era respetado en todo el mundo. Era venerado desde Grecia hasta China. Fue aceptado en todas las escuelas místicas; era bienvenido muy gustosamente en todas partes. Su nombre era conocido en todos los países. A cualquier sitio que fuera, era recibido con gran regocijo.

Aunque se había iluminado, siguió descubriendo secretos ocultos, siguió solicitando ser iniciado en nuevas escuelas. Intentaba crear una síntesis; intentaba conocer la verdad de tantas fuentes como fuera humanamente posible. Quería conocer la verdad en todos sus aspectos, en todas sus dimensiones.

Siempre estaba dispuesto a postrarse ante un maestro. Él mismo era un hombre iluminado —es muy insólito. Una vez que te has iluminado la búsqueda cesa, la exploración desaparece. No tiene sentido. Después de iluminarse, Buda nunca fue a ningún otro maestro. Después de iluminarse, Jesús nunca fue a ningún otro maestro. Ni Lao Tzu, ni Zaratustra, ni Moisés, ninguno de ellos fue a ningún otro maestro. Por eso, Pitágoras es único. Nunca ha existido nada similar. Incluso después de haberse iluminado, estaba dispuesto a convertirse en discípulo de cualquiera que le pudiera revelar algún aspecto de la verdad. Su búsqueda era tal que estaba dispuesto a aprender de cualquiera. Era el discípulo absoluto. Estaba dispuesto a aprender de toda la existencia. Hasta el final, permaneció abierto y siguió aprendiendo.

Todo el esfuerzo... y en aquellos tiempos, viajar de Grecia a Egipto, de Egipto a India, era muy arriesgado. Viajar era peligroso; no era tan fácil como hoy en día. Hoy en día viajar es tan fácil que puedes desayunar en Nueva York, almorzar en Londres y sufrir la indigestión en Bombay. Es muy fácil. En aquellos tiempos no era tan fácil. Era realmente arriesgado; ir de un país a otro podía significar años de viaje.

Cuando Pitágoras regresó a Grecia ya era anciano. Pero, en torno a él, los buscadores se fueron agrupando, y nació una gran escuela. Y, como siempre ocurre, la sociedad empezó a perseguirlo, a él, a su escuela y a sus discípulos. Toda su vida se dedicó a buscar la filosofía perenne, ¡y la encontró! Reunió todos los fragmentos en una gran armonía, en una gran unidad. Pero no le permitieron desarrollarla; no le permitieron enseñar a la gente. Fue perseguido de un lugar otro. Hubo muchos atentados contra su vida. Le resultaba casi imposible enseñar todo lo que había recopilado. Y su tesoro era inmenso —de hecho, nadie ha tenido jamás un tesoro como el suyo.

Pero así de insensata es la humanidad, y siempre lo ha sido. Este hombre hizo algo imposible: conectó Oriente y Occidente. Fue el primer puente. Llegó a conocer tan profundamente la mente oriental como la occidental.

Era griego. Se educó en la lógica griega, bajo el enfoque científico griego, y luego marchó a Oriente. Allí aprendió los caminos de la intuición; aprendió a ser un místico. Él era un gran matemático por derecho propio. Y que un matemático se convierta en un místico es una revolución, porque la matemática y la mística son polos opuestos.

Occidente representa la mente masculina, el intelecto agresivo. Oriente representa la mente femenina, la intuición receptiva. La separación entre Oriente y Occidente no es una simple separación arbitraria, es muy importante y profunda. No hay que olvidarse de Rudyard Kipling. Lo que él dijo es importante, es significativo. Dijo que Oriente y Occidente nunca se encontrarían. Hay una parte de verdad en ello, porque el encuentro parece imposible; sus sistemas de trabajo son diametralmente opuestos.

Occidente es agresivo, científico, dispuesto a conquistar a la naturaleza. Oriente es no-agresivo, receptivo —dispuesto a ser conquistado por la naturaleza. Occidente está ansioso por saber. Oriente es paciente. Occidente toma todas la iniciativa para descubrir todos los misterios de la vida y la existencia; intenta abrir las puertas. Y Oriente simplemente espera en profunda confianza: «Cuando lo merezca, la verdad me será revelada».

Occidente es concentración de la mente, Oriente es meditación de la mente. Occidente es pensador, Oriente es no-pensador. Occidente es mente, Oriente es no-mente. Kipling parece lógicamente acertado; parece imposible que Oriente y Occidente se puedan encontrar jamás.

«Oriente y Occidente» no sólo representan la división en dos hemisferios de la Tierra, también representan la mente, el cerebro. Al igual que la Tierra, el cerebro también está dividido en dos hemisferios. El cerebro tiene un Oriente y un Occidente. El hemisferio del lado izquierdo del cerebro es Occidente, y está conectado con la mano derecha. El hemisferio del lado derecho del cerebro es Oriente, y está conectado con la mano izquierda. Occidente es derechista, Oriente es izquierdista. Y sus respectivos procesos son tan diferentes... El hemisferio izquierdo de la mente calcula, piensa, es lógico. Él produce toda la ciencia. Y el hemisferio derecho del cerebro es un poeta, un místico. Intuye, siente. Es ambiguo, nebuloso, brumoso. Nada es claro. Todo es una especie de caos, pero ese caos tiene su belleza. En ese caos hay una gran poesía, en ese caos hay una gran canción. Es muy jugoso.

La mente calculadora es un fenómeno parecido a un desierto y la mente no-calculadora es un jardín. Allí, los pájaros cantan y las plantas florecen... Es un mundo completamente diferente.

Pitágoras fue el primer hombre que intentó lo imposible, ¡y tuvo éxito! En él, Oriente y Occidente se convirtieron en uno. En él, el *yin* y el *yang* se convirtieron en uno. En él, lo masculino y lo femenino se convirtieron en uno. Él era una unidad total de las polaridades opuestas, Shiva y Shakti juntos —intelecto del más alto calibre e intuición del más profundo calibre. Pitágoras es una cima, una soleada cima y, a la vez, un valle profundo, oscuro. Es una combinación muy insólita.

Pero el trabajo de toda su vida fue destruido por la gente estúpida, por las masas mediocres. Estos pocos versos son la única contribución que ha quedado. Unos versos que caben en una postal. Eso es lo único que ha quedado de la obra de ese gran hombre. Y ni siquiera fueron escritos por él; según parece, todo lo que él escribió fue destruido.

El día que murió Pitágoras, miles de sus discípulos fueron masacrados y quemados. Sólo un discípulo pudo escapar de la escuela; se llamaba Lysis. Y no escapó para salvar su vida —escapó para salvar algo de las enseñanzas del maestro. Estos *Versos dorados* de Pitágoras fueron escritos por Lysis, el único discípulo que sobrevivió.

La escuela fue arrasada por completo y miles de discípulos fueron brutalmente asesinados. Todo lo que Pitágoras había recopilado en sus viajes —grandes tesoros, grandes escrituras de China, India, Tíbet, Egipto, años y años de trabajo— quemado. Lysis escribió estos pocos versos. Y, siguiendo la antigua tradición de que un verdadero discípulo no conoce más nombre que el de su maestro, los versos no se llaman «los versos de Lysis» —se llaman los *Versos dorados de Pitágoras*. Lysis no escribió su nombre en ellos.

Es algo que ha venido ocurriendo una y otra vez a lo largo de la historia. En India, ocurrió con Vyasa, un gran maestro. Hay muchas escrituras con su nombre, tantas, que es imposible que un solo hombre pueda haberlas escrito todas. No es humanamente posible. Ni mil personas, escribiendo durante toda su vida, podrían haber escrito todas esos textos. Todas están con el nombre de Vyasa, ¿qué ocurrió entonces? Que no fueron escritas por Vyasa, sino por sus discípulos. Pero el verdadero discípulo no conoce más nombre que el de su maestro. Él había desaparecido en el maestro, así que, todo lo que escribía, lo hacía en el nombre de su maestro. Los lingüistas, los eruditos, los profesores han desarrollado muchas teorías —creen que hubo muchos Vyasas, muchas personas con el mismo nombre. Eso es una tontería. Sólo hubo un Vyasa. Pero, a lo largo de los siglos, muchas personas lo han amado tan profundamente que, cuando escribían algo, sentían que era el maestro quien escribía a través de ellos —firmaban con el nombre del maestro porque ellos sólo eran vehículos, instrumentos, médiums.

En Egipto, ocurrió lo mismo con Hermes; hay muchas escrituras, todas ellas escritas por discípulos. Y lo mismo ocurrió con Orfeo en Grecia, y con Confucio y Lao Tzu en China. El discípulo pierde su identidad; se disuelve por completo en el maestro.

Pero, por la estupidez de la gente, fue destruido algo de inmenso valor.

Pitágoras fue el primero en experimentar en la creación de una síntesis. Han pasado veinticinco siglos desde entonces y nadie lo ha vuelto a intentar. Antes de que él lo intentara, nadie lo había hecho, y después de él, tampoco lo ha intentado nadie. Eso requiere una mente que sea, a la vez, científica y mística.

Es un fenómeno excepcional. Es algo que sólo ocurre muy de vez en cuando. Ha habido grandes místicos —Buda, Lao Tzu, Zaratustra. También ha habido grandes científicos —Newton, Edison, Einstein. Pero encontrar a un hombre que se sienta cómodo, como en casa en ambos mundos, es muy difícil. Pitágoras es esa clase de hombre —una clase en sí misma. No se le puede clasificar con nadie más.

La síntesis que él intentó era necesaria, especialmente en aquellos tiempos, como lo es en la actualidad —porque el mundo está de nuevo en ese punto. El mundo se mueve como una rueda. La palabra sánscrita para «mundo» es «samsara». Samsara significa «rueda». La rueda es grande: cada ciclo tarda veinticinco siglos en completarse. Veinticinco siglos antes de Pitágoras, la Atlántida se suicidó por el crecimiento científico del hombre. Sin sabiduría, el crecimiento científico es peligroso; es como poner una espada en manos de un niño.

Ahora han pasado veinticinco siglos desde Pitágoras. El mundo de nuevo está en un caos. La rueda ha vuelto de nuevo al mismo punto —siempre llega al mismo punto. Es un momento que llega cada veinticinco siglos. Cada veinticinco siglos, el mundo llega a un estado de gran caos. El hombre empieza a sentirse desarraigado, insignificante. Todos los valores de la vida desaparecen; una gran oscuridad se cierne sobre él. Todo sentido de dirección se pierde, uno sólo se siente casual. Como si no hubiera propósito, significado. Como si la vida sólo fuera producto de la suerte. Como si a la existencia no le importaras. Como si no hubiera vida después de la muerte. Como si todo lo que haces fuera fútil, rutinario, mecánico. Todo parece carecer de sentido. Estos momentos de caos, de desorden, pueden ser una gran maldición, como ocurrió en la Atlántida, o pueden suponer un salto cuántico en el crecimiento humano. Depende del uso que hagamos de ellos. Sólo en grandes momentos de caos nacen grandes estrellas.

Pitágoras no estaba solo. En Grecia, surgieron Pitágoras y Heráclito. En India, Buda, Mahavira y muchos otros. En China, Lao Tzu, Chuang Tzu, Confucio, Mencio, Lieh Tzu, y muchos más. En Irán, Zaratustra. En la tradición brahmánica, muchos grandes visionarios upanishádicos. En el mundo del judaísmo, Moisés... Toda esa gente, esos grandes maestros nacieron en una determinada etapa de la historia de la humanidad, hace veinticinco siglos.

Ahora estamos de nuevo en un gran caos, y el destino del hombre depende de lo que hagamos. O nos destruimos a nosotros mismos como la civilización de la Atlántida... el mundo se convertiría en una Hiroshima. Nos ahogaríamos en nuestro propio conocimiento; en nuestra propia ciencia, y llevaríamos a cabo un suicidio colectivo. Puede que se salvaran unos pocos, un Noé y algunos de sus seguidores, o puede que no.

O existe la posibilidad de que demos un salto cuántico.

El hombre, o bien puede suicidarse o bien puede renacer. Ambas puertas están abiertas.

Si tales momentos pueden producir personas como Heráclito, Lao Tzu, Pitágoras, Buda o Confucio, ¿por qué no pueden producir una gran humanidad? Pueden, pero nosotros seguimos dejando pasar la oportunidad.

Las masas ordinarias viven en tal inconciencia que no pueden ver unos pasos más adelante. Están ciegas. ¡Y son mayoría! Los siguientes veinticinco años van a ser tremendamente importantes. Si podemos crear en el mundo un gran momento para la meditación, para el viaje interior, para la tranquilidad, para la quietud, para el amor, para la divinidad... si en los siguientes veinticinco años podemos crear un espacio para que mucha gente llegue a iluminarse, la humanidad tendrá un nuevo nacimiento, una resurrección. Nacerá un hombre nuevo.

Pero si se desperdician estos momentos, seguiremos igual durante los siguientes veinticinco siglos. Algunas personas alcanzarán la iluminación, pero sólo unas cuantas. Acá y allá, de vez en cuando, una persona se volverá alerta, consciente y divina. Pero la mayor parte de la humanidad se quedará atrás —en la oscuridad, en la total oscuridad, en la absoluta desdicha. La mayor parte de la humanidad seguirá viviendo en el infierno.

Pero estos momentos, en los que el caos se extiende y el hombre pierde sus raíces en el pasado, se descuelga del pasado, son grandes momentos.

Si somos capaces de aprender algo de la historia, si somos capaces de aprender algo de Pitágoras... La gente no supo hacer uso de Pitágoras y su entendimiento, no supieron utilizar su gran síntesis, no supieron utilizar las puertas que él hizo posibles. Un solo individuo hizo algo inmenso, algo imposible, pero no fue utilizado.

Yo estoy intentando hacer exactamente lo mismo de nuevo; siento una gran afinidad espiritual con Pitágoras. Yo también estoy creando una síntesis de Oriente y Occidente, de ciencia y religión, de intelecto e intuición, de la mente masculina y la mente femenina, de la cabeza y el corazón, de la derecha y la izquierda. Yo también estoy intentando, de todas formas posibles, crear una armonía, porque sólo esa armonía puede salvar. Sólo esa armonía nos puede proporcionar un nuevo nacimiento. Hay que volver a hacer el esfuerzo, porque éste es un momento muy valioso. Sólo una vez cada veinticinco siglos la rueda puede tomar un nuevo camino, puede tomar una nueva dirección. Tienen que arriesgarse, tienen que arriesgar todo lo que poseen. Y arriesgarlo con una gran dicha, porque, ¿qué puede ser más gozoso que dar nacimiento a un hombre nuevo, que convertirse en vehículos de un nuevo ser humano, de una nueva humanidad?

Como todos los nacimientos, será doloroso. Pero el dolor puede ser bien recibido si se entiende lo que va a pasar a través de él. Si se puede ver al niño saliendo de él, el dolor deja de ser dolor —es como una madre aceptando el dolor del nacimiento de su hijo. El dolor es irrelevante: su corazón está danzando de alegría —va a parir vida, está siendo creativa. Está haciendo que en este mundo haya más vida; un nuevo niño está naciendo a través de ella. La existencia la ha utilizado como vehículo; su vientre ha resultado fértil. Ella es feliz, muy feliz. Se alegra, aunque en la periferia haya dolor. Porque cuando la alegría es tan grande, el dolor simplemente cumple la función de fondo y hace que la alegría resalte más.

Recuerda...

Puedes convertirte en un vientre de energía, en un campo de energía. Aquí está ocurriendo una gran síntesis. Aquí se están encontrando Oriente y Occidente. Y si podemos hacer que esa cosa imposible ocurra, el hombre vivirá de una forma completamente distinta en el futuro. Entonces, ya no necesitará vivir en el mismo viejo infierno. El hombre puede vivir en amor, en paz. El hombre puede vivir en gran amistad. El hombre puede vivir una vida que sólo sea celebración. El hombre puede hacer que esta Tierra sea divina. Sí: esta misma Tierra puede convertirse en el paraíso y este mismo cuerpo en el Buda.

Los sutras en este pequeño tratado son pocos. Los sutras de Pitágoras están divididos en tres partes; son conocidos como las tres famosas *«Pes»* de Pitágoras: preparación, purificación y perfección.

Preparación significa estar dispuesto, adoptar una actitud receptiva, estar disponible, abierto. Preparación significa producir una sed, un anhelo por la verdad. Preparación significa no sólo sentir curiosidad, no sólo estar intelectualmente interesado en saber qué es la verdad, sino además estar comprometido en la búsqueda. No ser simplemente un espectador, sino un participante.

La preparación es la parte introductoria —se trata de provocar una gran sed en ti. Siempre que te acerques a un maestro, lo primero que te dará será una sed feroz. Te dará un gran anhelo; sembrará las semillas del gran anhelo. En realidad, te hará sentir muy descontento. Puede que tú hayas ido a él en busca de contentamiento, puede que hayas ido a él para ser consolado, pero él te inflamará, te incendiará, con un nuevo deseo del que nunca habías sido consciente, que ni siquiera habías soñado. Es posible que estuviera acechando en alguno de los oscuros rincones de tu ser, escondido en algún escondrijo subterráneo —pero él lo sacará a la luz, hará que se convierta en un gran fuego. Volcará toda su energía en ti, para hacerte sentir tan sediento, tan descontento, que empieces a buscar dispuesto a arriesgarlo todo. Te olvidarás por completo de los otros deseos, volcarás todos tus deseos en una corriente. Tu único deseo, día y noche, será la verdad —o la divinidad, o el nirvana; en realidad, sólo son diferentes nombres para denominar al mismo fenómeno.

Preparación significa que el discípulo ha sido despertado —despertado a la verdad de que estamos existiendo en la oscuridad y hay que buscar y encontrar la luz, despertado al hecho de que hemos estado desperdiciando nuestras vidas, de que ésta no es la forma correcta de vivir. Y a no ser que uno empiece a dirigirse hacia la divinidad, la vida seguirá vacía, impotente. El discípulo ha de ser conmocionado, removido, para sacarlo de sus sueños —sueños de dinero, de poder político y de prestigio— y hay que darle un nuevo sueño, el sueño supremo, en el que todos los sueños se consumirán. El sueño supremo es conocer la verdad, conocer aquello que es, conocer aquello de dónde venimos, conocer aquella fuente y aquella meta a la que nos dirigimos.

La segunda parte es la **purificación**. Una vez que el deseo ha surgido, tienes que ser purificado, porque, para alcanzar la verdad suprema, tendrás que soltar mucha carga superflua, el exceso de equipaje con el que siempre has estado cargando. Has estado cargando con él porque pensabas que era muy valioso. Tu sistema ha de ser purificado de todas las cosas tóxicas que has ido absorbiendo en el camino. Y hemos estado tomando veneno, muchos tipos de veneno. El veneno del hinduismo, del Islam, del cristianismo —todos ellos son venenos, prejuicios. Te mantienen amarrado a la sociedad y a sus condicionamientos.

Purificación significa que uno tiene que deshacerse de todos los condicionamientos, de todas las ideologías, de todos los prejuicios, de todos los conceptos, de todas las filosofías... de todo lo que te han enseñado los demás. Uno tiene que convertirse en una pizarra en blanco —una tabula rasa—, uno tiene que quedarse completamente en blanco. Sólo cuando estés completamente en blanco, cuando no haya nada escrito en ti, lo divino podrá escribir algo. Sólo cuando estés completamente en silencio y todas las palabras inculcadas por la sociedad hayan desaparecido, la verdad podrá hablarte. La verdad sólo puede susurrarte sus misterios al oído cuando estás completamente vacío —el vacío es pureza.

La purificación es la parte purgativa. El hombre tiene que deshacerse de muchas cosas. En realidad, la verdad no está muy lejos —lo que pasa es que tú has acumulado muchas cosas en torno a ti. Has desarrollado muchas capas en torno a ti, muchas personalidades, llevas muchas máscaras. Por eso no puedes ver tu cara original. Hay que deshacerse de todas esas máscaras. Tienes que volverte auténtico, tal como eres, completamente desnudo, tal como eres.

Purificación significa: Dejar de esconderse, dejar de mentir, dejar de ser falso.

Y la tercera *«Pe»* es la de la **perfección**. Cuando has dejado de ser falso, cuando te has deshecho de todos los venenos que has ido acumulando en el camino, cuando el espejo está limpio de polvo, la perfección empieza a ocurrir por sí sola. La perfección es la parte unitiva —Unión Mística.

Primero el deseo, deseo intenso, un deseo total... porque sólo si estás completamente deseoso de la verdad, estarás preparado para ir a través del dolor de la purificación. Si el deseo sólo es templado, no estarás preparado para ir a través del dolor de la purificación. ¡Ser purificado es doloroso! Es como sacarte el pus del cuerpo, duele. Aunque a largo plazo sea bueno — si el pus está fuera, el veneno está fuera y pronto te curarás — duele. Sacar el pus es doloroso. Pero dejarlo dentro es ayudarle a crecer: se expandirá por todo tu cuerpo.

Uno sólo está preparado para ir a través de la purificación cuando el deseo es tan total que está dispuesto incluso a morir si es necesario. Y es como una especie de muerte —porque la personalidad que tú siempre has considerado que eres tendrá que morir. Tendrás que deshacerte de todo aquello con lo que has estado identificado. Y eso ha sido tu ego. Tendrás que renunciar a todo lo que has estado proclamando y de lo que has estado presumiendo hasta ahora; tienes que deshacerte de todo lo que ha sido valioso para ti, como la basura que es.

Es doloroso. Te sientes como si hubieras perdido tu reino y te hubieras convertido en un mendigo. Hasta que el deseo no sea total, no estarás preparado para hacerlo. Y cuando la purificación ha ocurrido, cuando te has deshecho de todo lo no-esencial, lo esencial se perfecciona a sí mismo. ¡No tienes que volverte perfecto! Sólo tienes que crear el espacio en el que la perfección crezca, ocurra. La perfección es un evento.

El primer sutra —**preparación**:

Rinde el culto consagrado a los dioses inmortales; guárdales tu fe.

Lord Bacon, una gran mente científica, en su famoso libro, *Novum Organum*, decía que Pitágoras era un gran fanático. Pues bien, eso es una completa insensatez. El libro de Bacon es realmente bueno; excepto por esta afirmación, es un libro de un gran valor. Se dice que hay tres grandes libros en el mundo. El primero es *Organum*, de Aristóteles —Organum significa principio. El segundo es *Novum Organum*, de Bacon —nuevo principio. Y el tercero es *Tertium Organum*, de Ouspensky —el tercer principio. Y realmente son grandes libros, incomparables.

Es muy sorprendente que Bacon llegara a la conclusión de que Pitágoras es un fanático —porque Pitágoras era justo lo opuesto, completamente lo opuesto a un fanático. Si hubiera sido un fanático, no hubiera entrado en todo tipo de escuelas ocultas, esotéricas. Si hubiera sido un fanático, no hubiera estado tan abierto a aprender de todas las fuentes posibles.

De hecho, el fanatismo nunca ha formado parte de la mente griega. La mente filosófica no puede ser fanática, no puede ser dogmática. El tener que estar abierto, el tener que investigar, el tener que dudar, el tener que cuestionar y el tener que permanecer disponible a la verdad en cualquier forma que venga son prerrequisitos de la filosofía. No se puede decidir de antemano; no se puede caer en ese tipo de actitud de haber llegado a la conclusión sin saber. No tienes que ser víctima de la falacia de un *priorismo* —que ya has aceptado de antemano sin investigar, sin saber, sin experimentar.

He intentado intensamente comprender por qué Bacon llama a Pitágoras fanático. El fanatismo es algo que procede de la mente judaica; nunca ha formado parte de la mente hindú, de la china o de la griega. Procede de los judíos, y se extendió a los cristianos y a los musulmanes porque ambos son ramificaciones del judaísmo.

La idea de que «Nosotros somos el pueblo elegido de Dios» es peligrosa. Produce fanatismo. Las ideas de que «Nosotros tenemos la verdad, y nadie más», de que «Sólo existe un Dios y ninguno más», son peligrosas. Estas ideas son peligrosas —porque ese Dios será mi Dios, y entonces, ¿qué ocurrirá con tu Dios? Entonces, tú estás equivocado, entonces, eres un pecador. Entonces habrá que persuadirte, convertirte. Si lo permites por las buenas, vale; pero si no, habrá que obligarte, forzarte a que abandones al Dios equivocado.

Pitágoras vivió en muchos países, bajo muchas diferentes visiones de la vida, bajo muchos puntos de vista filosóficos, bajo muchas religiones —no podía ser un fanático. Por lo visto, Bacon no sabía nada acerca de Pitágoras.

El primer sutra dice:

Rinde el culto consagrado a los dioses inmortales...

No utiliza la palabra «Dios», sino «dioses» —eso es muy significativo. Ése es el estado de una mente no-fanática. «dioses» —¿por qué en plural? ¿Por qué no «Dios»? Porque en cuanto dices «Dios» estás cayendo en esa trampa peligrosa... ¿qué ocurrirá con los dioses de las otras personas entonces? Pitágoras no es monoteísta; él no cree en un Dios. Él dice: Todas las gentes del mundo y todos sus enfoques son verdaderos. Y lo sabe, porque ha seguido muchos caminos; Pitágoras siguió casi todos los caminos que existían, muchos caminos. Y siempre llegaba a la misma cima.

Hay muchos caminos para llegar a la cima. En la montaña hay muchos caminos, pero todos conducen a la misma cima. Puedes ir por el sur, por el norte, por el este o por el oeste... puedes seguir un camino pedregoso, o un camino firme. Hay muchas alternativas.

Pitágoras sabe que la verdad es una, pero no lo dice. La verdad es una, no dicha. Y si la dices, por favor, no utilices el singular; en ese caso, es mejor usar el plural. Los Vedas dicen: «La verdad es una, pero las personas sabias la han descrito de muchas maneras».

Él vivió con mucha gente, adoradores de diferentes dioses. Les dijo a sus discípulos: Cuando vayan a un templo, adoren al dios del templo. Y adoren de la forma que la gente lo haga allí, respeten a la gente que esté adorando y rezando. Cuando vayan a una mezquita, adoren como la gente lo haga allí. Cuando vayan a una iglesia o a una sinagoga, adoren como la gente adore allí. Todas las oraciones son buenas. Todas las oraciones llegan a lo divino, y todos los caminos, al final, acaban en la divinidad. No hay necesidad de crear ningún antagonismo. Si quieren un lugar silencioso, aislado, entren en el templo, en la iglesia o en la mezquita más cercana. Todos los templos, todas las iglesias y todas las mezquitas son suyas. Jerusalén, Kaaba, Kailash, Girnar, todas son suyas. Yo les doy todos los templos y todas las escrituras del mundo.

Pitágoras está diciendo a sus discípulos: Donde sea que estén, observen a la gente, respeten su oración, respeten a su dios, respeten su visión. Puede que sólo sea un aspecto de la divinidad, pero, al fin y al cabo, es divinidad. Puede que sólo sea una cara —la verdad tiene muchas caras —pero todas las manifestaciones son divinas. La divinidad desciende de una forma sobre Krisna, de otra sobre Cristo, y de otra sobre Moisés. Todos los profetas son divinos, todos los mensajeros son sagrados.

Y en lo que sea que creas, no te limites a creer —conságralo, hazlo sagrado viviéndolo. No permitas que sólo sea una creencia intelectual en la cabeza: tiene que hacerse existencial. Entonces se consagra, entonces lo has santificado, lo has hecho sagrado.

Las creencias, si sólo son pensamientos, son inútiles. A no ser que se conviertan en tu propia sangre, huesos y médula, a no ser que las vivas... si sientes que algo es verdad, ¡vívelo! Ésa será la única prueba de que lo que sientes es verdadero. No hay ninguna otra prueba. Tu vida es la única prueba de tu creencia, pero eso no significa que tengas que imponerte una creencia. Eso no significa que tengas que imponerte una creencia y un carácter. Eso no los haría sagrados: eso sería hipocresía, y la hipocresía no puede ser sagrada. Vívela, no desde el exterior hacia el interior, sino justo lo opuesto: desde el interior hacia el exterior. Primero experimenta una verdad...

Por ejemplo: yo digo que medites. Ahora bien, tú puedes convertirlo en una simple creencia —que es bueno meditar, que la meditación contiene una gran verdad, que ahora puedes debatir con los demás acerca de sus bondades, acerca de los misterios de la meditación. Tú mismo nunca has meditado porque los debates, los pensamientos y la lectura acerca de la meditación no te dejan tiempo. Te has olvidado por completo de que la meditación tiene que ser probada, no debatida.

O puedes imponerte, violentamente, alguna postura meditativa. Puedes sentarte en silencio como un Buda —aunque por dentro no haya *budeidad*, silencio, pureza, inocencia. La charla interior continúa, pero en el exterior puedes estar sentado como una estatua de piedra. Eso es hipocresía, simplemente estás fingiendo. Ésa no es la forma de consagrar; ésa no es la forma de hacer algo sagrado.

Tienes que entrar en meditación de verdad, no que fingir. Porque siempre que vives una verdad, la verdad se consagra.

Rinde el culto consagrado a los dioses inmortales...

Y lo que sea que hayas llegado a saber, ofréceselo a la existencia, sigue ofreciéndoselo —lo que sea que hayas llegado a saber. Cualquiera que haya sido la experiencia, de verdad, de belleza, de amor, que hayas tenido, sigue ofreciéndosela en profunda gratitud.

Guárdales tu fe.

Pero no se lo digas a la gente. Guárdala. Ofrécesela a la existencia, pero no hables de ella, si lo haces, estarás en peligro. Las masas son insensatas. No pueden entender. Les supera. ¡Guárdala! Mantenla en secreto, en el fondo de tu corazón. Abre tu corazón a los dioses. Abre tu corazón al maestro, o abre tu corazón a los amigos que siguen tu mismo camino, compañeros de viaje, compañeros de búsqueda. Pero no abras tu corazón en el mercado —será malinterpretado, y la mala interpretación te causara molestias. Distraerá tu búsqueda, interrumpirá tus energías. Producirá una tormenta en ti. Las verdades sólo pueden ser comunicadas a personas con cierto entendimiento.

Guárdales tu fe —cualquier confianza que haya surgido en ti, cualquier fe que haya nacido en ti, mantenla en secreto. Tiene que convertirse en una semilla en tu corazón. Simplemente tirando una semilla al suelo no se convertirá en un árbol, porque se quedará al descubierto. Tiene que crecer dentro del vientre de la tierra, en la oscuridad de la tierra. Allí desaparecerá, se disolverá, y nacerá un árbol.

Cualquier confianza que haya surgido en ti, deja que se convierta en una semilla en tu corazón, deja que desaparezca en el suelo de tu corazón. Allí se convertirá en un gran árbol. Sí, llegará un día en el que ya no lo puedas contener, pero entonces, ¿qué le vas a hacer? Mientras puedas contenerlo, contenlo. Mientras puedas mantenerlo en secreto, mantenlo en secreto. Es como el niño, permanece en secreto durante nueve meses en el vientre de su madre, hasta que un día la madre ya no puede contenerlo... el niño ha crecido, ya está listo para nacer; entonces no hay problema.

¿Por qué dice esto Pitágoras? ¿Y por qué en el primer sutra? Por una determinada razón, porque cuando llega a ti un pequeño destello de la verdad, tu mente tiende a hablar de ello y, al hablar, lo pierdes. Es como un aborto. Deja que sea un secreto durante nueve meses, un misterio que sólo tú conozcas, o tu amado, o unos pocos amigos, pero no lo hagas público. Es un fenómeno privado. Sí, un día se hará público. Un día ya no podrás contenerlo más. Se habrá hecho muy grande, más grande que tú, tendrá que desbordar. Cuando empieza a desbordar, es otra cuestión. Entonces te conviertes en un maestro. Pero hasta que llegue ese momento, estate bien guardado, ten mucho cuidado. No le hables de tus experiencias internas a todo el mundo. Mantente alerta, porque la verdad es muy difícil de retener y es muy fácil perderle la pista. Es muy difícil que la verdad nazca dentro, y se disipa muy fácilmente.

Reverencia la memoria de los ilustres héroes,
de los espíritus, de los semidioses.

Primero Rinde el culto consagrado a los dioses inmortales, guárdales tu fe. Segundo, recuerda a todos aquellos que lo han conseguido antes que tú, aprecia su memoria —eso te ayudará en el camino. Habrá muchos momentos en los que surja la sospecha, la duda; habrá largas oscuras noches del alma en las que te sentirás completamente perdido, en las que empezarás a retroceder y ser tan sólo la persona ordinaria que habías sido antes. En esos momentos, reverencia la memoria de los budas, reverencia la memoria de todos esos grandes héroes que han alcanzado la verdad.

En el lenguaje de Pitágoras, «héroe» es aquél que se ha iluminado, aquél que ha alcanzado la verdad. La única cosa heroica en la vida es realizarse. Todo lo demás es muy ordinario, puedes hacerte famoso —es muy fácil. Puedes conseguir poder político —no se necesita mucha inteligencia. Puedes ganar dinero —sólo tienes que ser un poco listo y calculador.

Ésas no son grandes cosas. La única cosa grande que hace que una vida sea grande y sublime es conocer la verdad, es conocer la divinidad, es ser verdad, es ser divino. Pero el viaje es muy solitario.

Reverencia la memoria de los ilustres héroes...

... de Buda, de Lao Tzu, de Krisna, de Cristo, de Moisés, de Mahoma, de Mahavira. ¡Recuérdalo! Por eso yo hablo de tantos maestros —para que puedas recordar que no estás solo en el camino. Muchos lo han conseguido antes que tú. Tú también lo conseguirás. Si tantos lo han conseguido, ¿Por qué tú no? Muchos te han precedido y llegado. No vas solo; hay muchos delante de ti. Hay una larga procesión de buscadores de la verdad, tú eres un eslabón de una larga cadena. Puede que seas una pequeña gota, pero formas parte de un gran río —el río de los budas, de toda la gente iluminada del mundo.

Por eso hablo acerca de tantas personas iluminadas: para darte coraje, para darte confianza; para darte la sensación de que formas parte de una larga cadena, de una cadena de oro, y de que no vas solo. No hay por qué tener miedo. ¡No te puedes perder!

Reverencia la memoria de los ilustres héroes,
de los espíritus, de los semidioses...

El que alcanza la divinidad se convierte en un semidiós, él mismo se convierte en un dios. El que ha conocido la verdad se convierte en verdad. Venera la memoria, recuérdate a ti mismo. Y mira a ver con quien sientes afinidad. ¿Sientes afinidad con Moisés, sientes afinidad con Zaratustra? Si sientes alguna afinidad, entonces el mejor camino es reflexionar acerca de los comentarios de Zaratustra o Moisés; medita, piensa en sus vidas, crea una atmósfera a tu alrededor. Porque si sientes afinidad con alguien, eso quiere decir que eres del mismo tipo. Y no tiene nada que ver con tu nacimiento casual. Puede que hayas nacido musulmán y no sientas ninguna afinidad con Mahoma. No es necesario. El nacimiento es casual. Puede que hayas nacido hindú y no sientas ninguna afinidad con Krisna, o puede que incluso sientas cierto antagonismo. ¡Quizá no seas de su tipo!

Así que, no te identifiques demasiado con tu nacimiento. Ronda por ahí, ten un poco más de libertad. Mira por ahí: cualquier flor que te atraiga, síguela. Cualquier fragancia que te agrade, síguela. Puede que hayas nacido cristiano, pero si al ver la estatua de Buda algo inmediatamente se posa en ti, se vuelve sereno, tranquilo y calmado; si simplemente ante una estatua de Buda sientes que un gran amor surge en ti por esa desconocida y misteriosa persona —entonces olvídate por completo del cristianismo, la Biblia y Jesús. Entonces crea el clima de Buda a tu alrededor, porque eso te ayudará, eso te nutrirá, eso te fortalecerá.

La **preparación** es: respetar a todos los dioses del mundo, a todos los templos, a todos los lugares sagrados; respetar a todas las escrituras —ése es tu respeto por los otros seres humanos— y recuerda con mucho amor a todos aquéllos que te han precedido en el camino y han llegado. Eso preparará una atmósfera en ti. Creará un gran deseo en ti, se convertirá en un anhelo. Serás atrapado por el anhelo, serás poseído por el anhelo. Si Buda ha tocado tu corazón, surgirá un gran anhelo: ¿cómo convertirse en un Buda? Si has sentido a Cristo en lo más profundo de tu ser, entonces empezarás a trabajar, a buscar: ¿cómo convertirse en un Cristo, cómo alcanzar la conciencia de un Cristo? Una vez que el deseo está ahí, la purificación es posible.

La segunda parte es la **purificación**.

Sé buen hijo, hermano justo, tierno esposo y buen padre.

Puede que este sutra te sorprenda, pero es de un inmenso valor: «Sé buen hijo, hermano justo, tierno esposo y buen padre». Pensarás: «¿Qué tiene eso que ver con la espiritualidad?». Tiene mucho que ver con la espiritualidad. Tienes que crear un ambiente pacífico —sólo entonces podrás entrar en meditación. Tienes que crear una atmósfera, un campo de energía— sólo entonces podrás ir hacia adentro.

Sobre la puerta de la escuela de Gurdjieff, en Fontainebleau, había una frase: «Si no has arreglado tus asuntos con tu padre, regresa». Primero arregla tus asuntos con tu padre, luego ven. Hasta que no respetes a tu padre, no tendrás ninguna posibilidad de crecimiento. ¿Extraño? ¿Por qué? ¿Qué tiene que ver con tu búsqueda? Desde otro ángulo, el psicoanálisis dice: «Arregla tus asuntos con tu madre». Hasta que no estén arreglados, no te sentirás tranquilo. Permanecerás tenso. Todo el trabajo del psicoanálisis se basa en arreglar los asuntos entre tú y tu madre —con elegancia, con cariño.

Pitágoras parece ser el primero en decirlo con exactitud, de una forma simple: «Sé buen hijo…». ¿Qué significa ser buen hijo? ¿Acaso significa ser un esclavo, ser completamente obediente? Si eres un esclavo, no eres buen hijo. Si eres completamente obediente, eres un hipócrita. Entonces, ¿qué significa ser buen hijo? Si le preguntas a la gente te dirán: "Ser buen hijo significa hacer todo lo que el padre le diga". No es tan sencillo —porque, aunque lo hagas, puede que por dentro estés resistiéndote. ¡Que es lo que tienen que hacer los niños! Ellos están indefensos. No tienen más remedio que hacer lo que sus padres les digan —de buena gana, de mala gana, a regañadientes, pero tienen que hacerlo. Eso provoca una división en ellos; se convierten en dos. Empiezan a volverse falsos.

Así que la forma más común de entender lo que significa ser un buen hijo es simplemente ser obediente con el padre. Ése no es el significado de Pitágoras. Entonces, ¿quiere decir que hay que rebelarse contra el padre? ¿Ir en su contra? ¿Hacer justo lo contrario de lo que diga, hacerse hippie o algo así? ¿Llevar el pelo largo si el padre te dice que lo lleves corto? ¿Olvidarse de bañarse durante años si él dice que te bañes todos los días? ¿Estar sucio y proclamar que la suciedad es una virtud si él dice que la limpieza es una virtud? No, tampoco eso significa ser un buen hijo. De hecho, lo segundo ha ocurrido en el mundo porque lo primero ha durado demasiado tiempo. La excesiva imposición de la obediencia ha producido una reacción. Entonces, ¿qué es ser un buen hijo?

Buen hijo es aquél que es atento, comprensivo, respetuoso; que escucha a su padre porque sabe más —él ha vivido, ha experimentado la vida, tiene más experiencia. Es aquél que escucha al padre; que intenta entender al padre. Que está abierto. Que no tiene prisa en obedecer o desobedecer. Buen hijo es aquél que está dispuesto a escuchar, a comprender, a aprender. Y luego, si sientes que estás de acuerdo con tu padre, hazlo. Si sientes que no estás de acuerdo con tu padre, entonces, dilo. No se trata de una reacción. Simplemente deja claro que no estás de acuerdo. Harás lo que te diga, pero tendrás que hacerlo con esfuerzo. Es algo que te hará falso. Si tu padre quiere, lo harás, pero eso te hará falso, te dividirá, te hará esquizofrénico.

Entre el padre y el hijo es necesaria una gran comunión, porque el padre representa el pasado y el hijo representa el futuro. Se necesita un puente. Y no puede ser sólo desde una parte, así que, no sólo el hijo tiene que ser buen hijo, el padre también tiene que ser buen padre. Ha de crear una atmósfera familiar en la que la meditación pueda crecer fácilmente.

Buen hijo es aquél que es atento, que está dispuesto a obedecer a su padre cuando sienta que lleva razón, y que también está dispuesto a decirle a su padre: «No quiero hacerlo —será falso», pero que está dispuesto a seguir a su padre si no puede decidir por sí mismo, porque es posible que haya cosas que no puedas decidir si son correctas o incorrectas. Entonces sigue a tu padre; él tiene más experiencia.

El padre simplemente representa el pasado. El padre simplemente representa a *todas* las figuras paternales, a todos aquellos que son mayores que tú. El padre es simplemente un símbolo de todos aquéllos que han vivido más que tú, que tienen más experiencia que tú —los profesores, los mayores. Hay que tenerles un gran respeto —respeto por su vida, respeto por su experiencia.

No hace falta convertirse en un esclavo, tampoco hace falta reaccionar contra ellos. Lo que hace falta es comprensión —ni obediencia ni reacción. Cuando la obediencia sale de la comprensión, es hermosa. Y, algunas veces, la rebelión, si sale de la comprensión, es hermosa. Pero tiene que salir de la comprensión, no de la reacción.

Hay personas que no harían una determinada cosa porque lo manda su padre. ¿Cómo lo van a hacer? No lo pueden hacer porque lo ha dicho su padre —harán lo opuesto. Sus egos están en conflicto. Y, por otra parte, hay personas que a pesar de saber que algo está mal, lo hacen porque lo dice el padre. Ambas cosas son erróneas.

El buen hijo es aquél que escucha al padre, a todas las figuras paternas, e intenta comprender con gran respeto, abiertamente, sin conclusiones. Entonces, cualquiera que sea la decisión que surja en su ser, ya sea seguir el consejo o no, es fiel a ella. Eso no es ni reacción ni obediencia: simplemente es actuar desde la comprensión.

Sé un hermano justo... Con todos aquellos que son de tu edad, sé justo, no seas injusto. No explotes, porque si explotas creas cierta tensión a tu alrededor. Cultiva la amistad a tu alrededor, porque el crecimiento será más fácil.

Sé un tierno esposo... Con tu mujer, con tu marido, sé tierno, sé suave, porque el odio es la otra cara del amor, y si no entiendes lo que significa ser tierno, suave, cariñoso, hay muchas posibilidades de que el amor te traiga mucho odio.

La gente ama y odia a la misma persona a la vez. Ese odio destruye todo el amor, envenena todas las posibilidades de amor. El amor es un gran fenómeno. La persona que sabe lo que es el amor nunca sabrá lo que es la oración, nunca será devota. Sólo la experiencia del amor te prepara.

Sé un tierno esposo... Ama a la mujer o al hombre con mucha ternura, con mucha gracia. Eso es algo que ha desparecido del mundo. Las relaciones de pareja se han vuelto muy toscas. Han olvidado por completo el lenguaje de la ternura —su amor está lleno de odio, de ira, de rabia.

Ésa puede ser una de las razones por las que el espíritu humano se ha apagado tanto en este siglo. El amor ha desaparecido. El amor es la flor, la devoción, su fragancia. Sin flor, no puede haber fragancia alguna.

... y buen padre. Y en tu turno, el círculo se completa —sé un buen padre. ¿Qué significa ser un buen padre? No le impongas nada a tu hijo. Dale tu amor, dale tu comprensión, pero siempre debes dejarle bien claro que la elección es del niño. Si quiere seguir tu consejo, que lo siga, pero será su elección. Si no quiere seguir tu consejo, también es libre de hacerlo —de nuevo, será su elección. Déjaselo todo claro al niño. Lo amas, así que dale tu experiencia pero no se la impongas, no le mandes. Deja que comprenda. Deja que la comprensión sea la única regla, y déjale seguir su comprensión.

Tienes que entender que: el padre ha de ser tan sólo un ayudante. El padre no debe amoldar al niño a los determinados patrones que él quiera; no debe utilizar al niño para sus propias ambiciones. Tiene que amar al niño, ayudarle a hacerse más fuerte, más alerta, para que así pueda buscar su propio camino en la vida. Ayudarle a hacerse cada vez más independiente.

El buen padre no mutila al niño, no obliga al niño a depender de él. Y si el padre es bueno, como es natural, el hijo será bueno, porque, como no se le impondrá ninguna esclavitud, tampoco tendrá que reaccionar.

Si has sido un buen hijo, algún día, cuando te llegue el turno de ser padre, serás un buen padre.

Está en la atmósfera familiar, el espacio en el que vivimos. Este espacio tiene que ser de intimidad, de amor, de gracia. Sólo eso facilitará la meditación y mejorará el crecimiento espiritual.

*Elige como amigo al amigo de la virtud; escucha sus buenos consejos,
benefíciate de su vida y nunca le abandones por desavenencias triviales...*

La amistad también ha desparecido del mundo. Lo que tú llamas amistad no tiene nada que ver con la antigua idea de la amistad. Tu amistad sólo es casual. Trabajan en la misma oficina, así que se han hecho amigos. O estudian en el mismo instituto, así que se hacen amigos. Esa no es la verdadera amistad.

Pitágoras dice: «¡Elige a tu amigo!». No puedes elegir a tu padre, no puedes elegir a tu madre, no puedes elegir a tu familia, pero sí puedes elegir a tu amigo. Puedes elegir a tu mujer, puedes elegir a tu hombre —eso también es una extensión de la amistad.

Elige como amigo al amigo de la virtud... Alguien que tenga cierta gracia, cierto florecimiento, ciertas cualidades, que tenga un campo de energía de virtud. Esa virtud no tiene nada que ver con la rectitud, con la superioridad moral nada. Se trata de una virtud en cuya compañía, de repente, empiezas a sentir un inmenso bienestar, en cuya compañía, en cuya vibración, algo empieza a danzar en ti; cuya presencia te ayuda a volar más alto.

Elige a tu amigo, y después, finalmente, serás capaz de elegir a un maestro —porque el maestro es el amigo supremo. Si no puedes elegir a los amigos, tampoco serás capaz de elegir al maestro. Elige buenos amigos, y entonces, un día serás capaz de elegir al amigo supremo.

Ríndete a sus dulces consejos, benefíciate de su vida...

Y cuando elijas un amigo, escucha sus consejos. Él no los impondrá —serán suaves susurros. No hablará muy alto. No discutirá, no ordenará —sólo sugerirá, sólo señalará, sólo indicará. Y ése es el caso con el amigo supremo, el maestro.

Buda dice que los budas sólo indican el camino. No lo dicen en voz alta porque no quieren ser violentos. No pretenden llevarte a su terreno; no tienen ningún deseo de dominarte. Simplemente expresan lo que han aprendido y entendido —luego, que lo sigas, o no, depende de ti.

Y aprende de su vida, benefíciate de su vida —no sólo de sus palabras, fíjate también en cómo vive el amigo. Fíjate en su forma de vivir, obsérvalo. Ésa es la única manera de aprender en la vida. Las personas son escrituras —tienes que aprender a leer ese idioma. Las personas son grandes secretos, cada persona lleva consigo un gran secreto; si sabes cómo escucharlo, te beneficiará enormemente.

... y nunca lo abandones por desavenencias triviales, al menos,
si puedes; porque una ley más rígida liga el poder a la necesidad.

Pitágoras dice que hay dos leyes: una es la de la necesidad y la otra la del poder. La ley de la necesidad se aplica a las personas que son inconscientes. Las personas que viven mecánicamente viven desde la necesidad. Hay otra ley más elevada que la ley de la necesidad: la ley del poder. Cuanto más consciente te vas volviendo, más te vas saliendo de la necesidad, más vas trascendiendo la necesidad, empiezas a vivir desde el poder, desde el abundante poder. Entonces, tu vida deja de estar bajo la necesidad.

Por ejemplo: una persona habla desde la necesidad porque no puede resistir la tentación de hablar. Los budas también hablan, pero no por necesidad, sino desde el poder, desde el abundante poder. Ellos son silenciosos; la tentación, la obsesión de hablar no existe. Pueden permanecer en silencio por siempre, pero, aun así, hablan. Cuando hablan, lo hacen desde el poder.

Tú amas desde la necesidad. Los budas también aman —aman porque hay tanta energía que tiene que ser compartida. Está ocurriendo muchísimo poder, tiene que ser dado. Tú vives desde la necesidad, ellos viven desde el poder.

Los budas son el mayor lujo de la existencia.

Estas dos leyes tienen en raíz en una ley primordial. Forman parte de una ley, son los dos aspectos de una ley. En China esa ley se llama Tao, en India, Dama, en Grecia, Logos, los judíos la llaman Torá. Se trata de la misma ley.

Toda la existencia está basada en una ley, pero esa ley tiene dos aspectos. Un aspecto para los inconscientes —aquéllos que viven como esclavos, como robots. Y otro aspecto de libertad, de poder, de inmensa alegría —ese aspecto sólo ocurre cuando estás despierto, iluminado. Y llevar estas dos leyes armoniosamente ajustadas en tu vida es el mensaje básico de Pitágoras.

Cuando estas dos leyes están en armonía, tú estás en armonía. Cuando estas dos leyes están en armonía, tu cuerpo sigue la ley de la necesidad y tu alma sigue la ley del poder. Entonces, tú eres un encuentro entre el cielo y la tierra, entre el cuerpo y el alma, entre lo visible y lo invisible. Y eso es la *budeidad*, eso es la iluminación.

Aun así, se te ha dado el luchar y sobreponerte a tus insensatas pasiones: aprende a dominarlas.

Capítulo 2

Logos, poder, necesidad

Sé sobrio, diligente y casto; evita toda cólera. Nunca te permitas ninguna vileza en público o en privado y, sobre todo, respétate a ti mismo.

No hables ni actúes antes de reflexionar; sé justo.

... Recuerda que un poder invencible ordena morir...

... Que las riquezas y los honores fácilmente adquiridos se pierden fácilmente.

En cuanto a los males que implica el destino, juzga lo que son; resístelos y esfuérzate todo lo que puedas por modificar sus rasgos. Los dioses no han expuesto al sabio a lo más cruel.

Tantos como la verdad, tiene sus amantes el error; con prudencia el filósofo aprueba o censura; si el error triunfa, él se marcha y espera.

Pitágoras fue el primero que acuñó y utilizó las palabras «filosofía» y «filósofo». «Filosofía» significa amor a la verdad, y «filósofo», amigo de la verdad. Antes de Pitágoras, se usaban otros términos que significaban lo mismo. En vez de filosofía, se usaba el término *sofía* —*sofía* significa sabiduría; y en vez de filosofo, *sofos* —*sofos* significa hombre sabio. Eran palabras hermosas, pero habían decaído, habían sido asociadas con la gente equivocada. Habían caído en malos tiempos. Las palabras también tienen buenos y malos tiempos, días de gloria y días de humillación.

Sofos es una palabra hermosa —sabio. Recuerda, sabio no es lo mismo que santo. El santo está en contra de los pecadores; tiene una postura opuesta. El santo es aquél que no peca, que ha elegido la virtud en vez del vicio. Pecador es aquél que ha elegido el vicio en vez de la virtud. Son polaridades, como negativo y positivo. El santo no puede existir sin el pecador; el pecador no puede existir sin el santo —son compañeros, no tienen más remedio que coexistir. Un mundo sin santos también sería un mundo sin pecadores. Si realmente quieres que los pecadores desaparezcan del mundo, antes tienes que hacer que desaparezcan los santos —inmediatamente, dejará de haber pecadores.

La existencia del santo crea al pecador. Y cuanto más respetes al santo, más censurarás al pecador, y la ola se va haciendo cada vez más grande. La ironía es que existen juntos, son las dos caras de una misma moneda. No son diferentes, su lógica no es diferente —sólo su elección es diferente. Uno ha elegido la parte nocturna de la vida, el otro, la parte diurna. Pero la vida consiste en ambas partes, el día y la noche; no es ni solamente día ni solamente noche. Ambas partes son mitades de un todo —por eso ambas permanecen en la desdicha.

Los pecadores son desdichados porque se pierden las bellezas de la virtud, las bellezas de la otra parte que han elegido no elegir. Y los santos son desdichados porque han reprimido algo que no puede ser destruido, porque es una parte esencial de su ser.

Si observas con atención al santo, verás que, en alguna parte de su inconsciente, hay un pecador escondido. Y lo mismo ocurre con el pecador: si observas atentamente, verás que, en alguna parte de su inconsciente, hay un santo escondido. El consciente del santo es el inconsciente del pecador, y el consciente del pecador es el inconsciente del santo.

El sabio no es ni lo uno ni lo otro. Él es *neti, neti* —ni lo uno ni lo otro—, él no ha elegido. Él ha aceptado su totalidad; es total, tanto día como noche. Ha abandonado el ego que siempre está eligiendo. Simplemente acepta lo que venga. Vive la verdad en su completa desnudez, cualquiera que sea —no es asunto suyo interferir en la corriente de la vida.

El sabio es un fenómeno inmensamente hermoso, por su totalidad. El sabio es un círculo perfecto. Lo contiene todo, no rechaza nada. Ése era el significado de la palabra sofos; era un término hermoso. Pero su reputación decayó.

Otro motivo por el que decayó es porque era una palabra peligrosa: podía ser fácilmente utilizada por los pícaros. Como el sabio es total, es ambas cosas, el pecador puede utilizarla. Puede decir: «Yo soy ambas cosas. No elijo —lo que sea que venga...». Así que, el pecador puede fingir ser un sabio. Puede decir: «En este momento, yo soy así porque las cosas son así. Es lo que está ocurriendo —¿Qué le voy a hacer? He abandonado el elegir. He aceptado la vida en su totalidad».

Pues bien, el sabio es un fenómeno completamente distinto a ese tipo de pícaros. Esos pícaros utilizan la palabra y ésta acaba asociada con esa mente pícara. Se convierte en un camuflaje para hacer lo que quieras. En el fondo hay elección, pero en la superficie puedes fingir que tú no eliges, que vives en una conciencia sin elección. Se trata de una picardía muy sutil.

Por eso, el término *sofos* cayó de su pedestal y se convirtió en sofista. El término sofista es feo —significa: fingidor. Designa a alguien que finge ser un sabio, pero que no lo es, alguien que finge ser un sabio y ni siquiera es un santo. No es más que un pecador que ha encontrado una bonita racionalización para seguir siendo un pecador.

El asesino puede decir: «¿Qué puedo hacer yo? Es Dios quien quiere asesinar a través de mí». El ladrón puede decir: «¿Qué puedo hacer yo? Es lo que Dios me ordena. Yo simplemente lo cumplo». Y será muy difícil rebatirle; tiene una bonita racionalización.

Así que, *sofos* decayó y se convirtió en sofista. Y lo mismo ocurrió con *sofía*: sabiduría no es lo mismo que tener conocimientos, pero se parecen. Los conocimientos sólo aparentan ser sabiduría, pero es justo lo opuesto a la sabiduría. Los conocimientos siempre son prestados, y al ser prestados son básicamente irreales.

La sabiduría es algo que surge en ti —es tu florecimiento, tu fragancia. Es autocomprensión, autoconocimiento. Y cuando surge, te vuelves luminoso; adquieres una presencia sólida. Tienes un centro, te sientes arraigado, integrado; dejas de ser fragmentario, te conviertes en una unidad.

La sabiduría es una revolución en tu ser: los conocimientos sólo son basura. Puedes adquirirlos de los demás; no te cambian, permaneces igual. Por supuesto, te decoran mucho, te proporcionan muchas bonitas máscaras, pero tu propia cara permanece igual. Si te dedicas a acumular conocimientos, tu memoria se volverá cada vez más rica, pero tu ser permanecerá tan pobre como siempre. Pero los conocimientos pueden fingir ser sabiduría; ambos utilizan el mismo leguaje.

Por ejemplo: cuando al-Hillaj Mansoor declaró «¡Anal' Haq! —¡Yo soy Dios!», era sabiduría. Procedía de su propio centro. No se trataba de una declaración hecha por él, sino a través de él. Tú puedes aprendértelo.

Puedes empezar a declarar «¡Anal' Haq! —¡Yo soy Dios!», pero sólo serán conocimientos. Tu vida no lo sustentará; tu existencia no será prueba de ello. En realidad, tu existencia lo desaprobará continuamente; tu vida estará mostrando justo lo opuesto.

Eso es algo que ha ocurrido en India, en Grecia, en China... Ha estado ocurriendo una y otra vez a través de los siglos. Los Upanishads dicen lo mismo con sus propias palabras; declaran «¡Aham Brahmasmi! —¡Yo soy Dios!». Y no sólo eso «Yo soy Dios —todo es Dios».

Los brahmines, los sacerdotes indios, han estado repitiendo esta hermosa declaración durante miles de años: «¡Aham Brahmasmi! —¡Yo soy Dios y todo es Dios!». Pero aún existe la intocabilidad. Aún hay personas que ni siquiera son consideradas dignas de ser llamadas seres humanos.

Por un lado, se dedican a repetir, como los loros, las hermosas frases de los Upanishads, de los visionarios, de las personas sabias, de los que han sabido... Ellos eran verdaderos brahmines: brahmín es aquél que ha conocido el Brama —aquél que ha conocido lo absoluto. Uno no puede ser brahmín por nacimiento, un brahmín por nacimiento es un hipócrita. Brahmín sólo se puede ser por experiencia, experiencia existencial; brahmín sólo se puede ser por autorrealización. ¿Pero cómo pueden existir personas autorrealizadas mientras exista la intocabilidad? Es imposible. La intocabilidad existe.

Por un lado, la gente va declarando: «Todo es Dios, no hay nada más que Dios. Toda la existencia está empapada de Dios. Cada uno de sus átomos está lleno de Dios». Y, al mismo tiempo, hay personas que ni siquiera son consideradas dignas de ser llamadas seres humanos —así que, ¿qué decir de considerarlas dioses? No pueden ser tocados; se considera un delito que te toquen. No sólo que sus cuerpos te toquen, en el pasado, era delito incluso que su sombra te tocara... simplemente con que te tocara su sombra estaban cometiendo un delito. Un intocable podía ser quemado vivo simplemente porque su sombra te hubiera tocado.

Y no creas que esas son cosas del pasado: todavía son quemados vivos —¡todos los días! Sus mujeres son violadas, sus casas quemadas, sus hijos asesinados. Y esto está ocurriendo en un país que dice de ser el más religioso del mundo. ¿Qué clase de sabiduría es ésta? Y tras todas estas violaciones, asesinatos e incendios premeditados, están los que proclaman ser brahmines. Recitan los Vedas, los Upanishads, pero no es más que un disco en sus mentes. Recitan sin saber lo que están diciendo.

Sofía es sabiduría. La sabiduría sucede en la capilla más profunda de tu ser. Nunca es prestada, no tiene nada que ver con los conocimientos, la información, las escrituras, las doctrinas, los sistemas de pensamiento. Se trata de tu propia experiencia, individual, auténtica. Has sabido. Has llegado. Entonces es *sofos* —es sabiduría.

Si simplemente estás repitiendo las experiencias de otras personas, se trata de sofistería, de conocimiento —es algo muerto, sin sentido, nada más que galimatías. Puedes decorarte con ello, puedes reforzar tu ego con ello, pero no conocerás la verdad.

Sofos decayó y acabó designando un fenómeno feo, el sofista. *Sofía* decayó y en su lugar nació sofistería. Sofistería es debatir por debatir, sin ningún interés por la verdad. No es más que simple análisis lingüístico, por supuesto, lógico, racional, pero no intuitivo, no experimental.

Y uno puede seguir debatiendo y elucubrando, pero, aunque lo hagas durante milenios, nunca llegarás a la verdad —porque la verdad no es nunca una conclusión, no es nunca una conclusión de algún proceso lógico. La verdad no es algo que la lógica tenga que inventar: la verdad es algo que tiene que ser descubierto por el amor. El camino a la verdad no es la lógica, sino el amor. La sabiduría es amor: el conocimiento es lógica.

Y cuando la lógica empieza a aparentar que ella es la puerta, el camino a la verdad, la verdad desaparece del mundo.

Pitágoras tuvo que acuñar nuevos términos, y acuñó unos términos muy hermosos. «Filosofía» que significa amor a la sabiduría —recuerda, amor a la sabiduría, no al conocimiento. El conocimiento es intelectual, la sabiduría es intuitiva. El conocimiento es de la cabeza, la sabiduría es del corazón. De ahí, el amor —no lógica sino amor, no cálculo, sino inocencia; no picardía, sino inteligencia; no intelectualidad, sino inteligencia.

Y también acuñó el término «filósofo» —amigo de la sabiduría. ¿Te has fijado alguna vez? —cuando discutes con alguien estás más preocupado por tu ego que por la verdad. Algunas veces, incluso te das cuenta de la falsedad de tu argumentación, pero no puedes aceptarlo, porque dañaría al ego. Discutes por defender tu opinión, no por defender la verdad. Rebates la opinión del otro porque es su opinión, no porque no sea verdad.

Si la discusión es por motivos egoístas, no por la verdad, entonces es sofistería, entonces es un fenómeno muy feo.

Amar a una mujer es una hermosa experiencia. En el amor entre un hombre y una mujer hay una gran verdad, una fragancia propia, una bendición. Es uno de los misterios más increíbles de la vida. Pero ir con una prostituta no es lo mismo —físicamente es lo mismo, pero espiritualmente es una cosa completamente distinta. La prostitución es un fenómeno feo: el amor entre amantes es algo divino.

La filosofía es como tu persona amada: la sofistería es una prostituta. Y los sofistas hacían exactamente eso: prostitución. Estaban dispuestos a discutir por cualquiera, cualquiera que estuviera dispuesto a pagarles. Si le pagabas, el sofista estaba dispuesto a discutir por ti. Si alguien le pagaba más, discutía por él. Y si alguien estaba dispuesto a pagarle más, estaba dispuesto incluso a discutir contra ti.

He oído:

Cada domingo, un cura tenía que soportar a un anciano, un hombre muy respetable, un rico adinerado de su congregación que solía sentarse justo en frente de él y, en segundos, quedarse dormido y empezar a roncar estruendosamente. Y, claro, le molestaba mucho —sentado justo frente de él y roncando.

El cura estaba molesto: ¿qué le vamos a hacer? El hombre era tan rico que no podía decirle: «Eso no está bien». Así que encontró una forma. Un niño solía seguir al viejo, su biznieto. El cura llamó al niño y le dijo: «Cada domingo, cuando el viejo empiece a dormirse, moléstalo, despiértalo, y te daré cuatro *annas*». El niño se puso muy contento y lo hizo, y la idea funcionó.

Durante tres domingos todo fue bien: siempre que el viejo empezaba a roncar, el niño le sacudía. Pero, el cuarto domingo, el viejo estaba roncando, el cura estaba esperando, pero el niño estaba sentado en silencio. Después del sermón llamó al niño y le preguntó: «¿Qué ha ocurrido? ¿Te has olvidado?».

Él contestó: «No. Pero ahora, él me paga una rupia cada domingo. Me dijo que si no lo molestaba, me daría una rupia».

Eso es lo que pasaba con los sofistas. Estaban dispuestos a discutir por cualquiera que estuviera dispuesto a pagar. ¡Pero la sabiduría no tiene nada que ver con la discusión!

El Buda no es un polemista —ha experimentado algo. Si utiliza la lógica y el lenguaje, lo hace sólo para expresar lo que ha experimentado, no para demostrarlo. No es que llegue a su experiencia a través del lenguaje y la lógica: ya lo ha experimentado antes por medio de la meditación, después utiliza la lógica y el lenguaje para expresarlo.

La lógica y el lenguaje son perfectos en lo que respecta a la expresión, pero no son creativos —son expresivos. Lo primero que se necesita, para ser expresada, es la verdad, luego, son útiles. Pero desde el exterior es muy difícil discernir quién está expresando su experiencia y quién sólo está jugando con las palabras. Para los que todavía no han experimentado nada por sí mismos, es muy difícil.

Pitágoras vino a India, visitó a grandes sabios; visitó a grandes visionarios, grandes brahmines. ¡Por primera vez, vio lo que era un hombre sabio! Meditó durante años... se convirtió en un hombre sabio por derecho propio, se iluminó. Y luego regresó a Grecia, y vio lo que había sucedido allí: el amado había desparecido —sólo había una prostituta.

Acuñó esos nuevos términos —unas palabras muy hermosas, pero que han vuelto a caer en la misma trampa. Ahora, en las universidades, ya sean orientales u occidentales, no existe la filosofía a la que Pitágoras se refiere; en las universidades, no hay filósofos, al menos, en el sentido que Pitágoras les dio a estos términos. Lo que hay en las universidades es sofismo otra vez, y los filósofos y los profesores de filosofía en las universidades han vuelto a ser sofistas. Por eso, la filosofía está en su lecho de muerte —visita cualquier universidad y lo verás.

Miles de estudiantes van a estudiar Ciencia, Matemáticas, Física, Química, Biología, Geología. Pregunta cuantos van a estudiar Filosofía — te sobrarán dedos en las manos para contarlos.

Cuando yo era estudiante de filosofía, sólo había tres estudiantes. Yo era uno, y las otros dos eran chicas. Sólo tres personas, y el departamento tenía diez profesores —tres y un tercio por cada alumno. Y a esas dos chicas no les interesaba en absoluto la filosofía. Lo único que les interesaba era conseguir un doctorado —ayuda a encontrar un mejor marido. Además, no hubieran sido admitidas en ninguna otra especialidad, por eso escogieron Filosofía. No les interesaba en absoluto.

Solía ocurrir una y otra vez... Uno de mis profesores era un hombre muy ascético; había decidido no mirar a las mujeres. Y como había dos chicas en clase —enseñaba con los ojos cerrados. Y esas dos chicas casi siempre estaban ausentes, así que, allí sólo estábamos él, de pie y con los ojos cerrados, y yo, sentado. Así que aprendí a escuchar con los ojos cerrados —en realidad, él hablaba y yo dormía.

Un día lo descubrió. Al principio pensaba que yo también era un asceta y que también había decidido no mirar a las mujeres, y estaba muy contento por haber encontrado un alma gemela. Toda la universidad solía reírse de él, pero eso lo hacía pensar: «¡Qué bien! Al menos una persona...». Pero un día lo descubrió, ese día sabía que las dos chicas no estaban allí, así que abrió los ojos y vio que yo estaba durmiendo.

Me preguntó: «¿Qué ocurre?».

Yo contesté: «Lo que ocurre es que yo no veo ninguna filosofía en lo que está enseñando. Es mucho mejor y más beneficioso echarse una buena siesta. Lo que está enseñando es basura, está podrido. ¡Usted no sabe nada!».

Y era verdad. Pero el hombre era honesto —al principio se quedó estupefacto, pero luego reconoció la verdad. Ese día estaba hablando de Patanjali y del *samadhi*, y yo le pregunté: «¿Sabe usted qué es el *samadhi*? ¿Lo ha experimentado alguna vez? Todo lo que está diciendo es aprendido, pero no es sabiduría. Todo lo que está diciendo es mecánico; un ordenador lo puede hacer mucho mejor y de un modo mucho más eficaz que usted lo está haciendo. Usted ha leído acerca del *samadhi* —pero leer acerca del *samadhi* no es conocer el samadhi. Aunque un ciego lea mucho acerca de la luz y pueda explicar qué es la luz, en realidad, no sabe nada de ella. No sabe nada, nada en absoluto. Sus ojos no ven».

Eso es algo que está ocurriendo por todo el mundo, y no es porque a la gente ya no le interese la verdad —es porque la filosofía se ha vuelto a convertir en sofistería. Ahora los grandes filósofos de este siglo no son más que lingüistas, positivistas lógicos, desmenuzadores de la lógica. Bertrand Russell, G. E. Moore, Ludwig Wittgenstein —grandes nombres de la filosofía, pero todos comprometidos con el lenguaje. No les preocupa si Dios existe o no; lo que les preocupa es de cuántas maneras diferentes puede ser utilizada la palabra «Dios», y si su utilización es válida o no, si la palabra «Dios» puede ser utilizada o no, y en caso de que se utilice, cuál es su significado. No les importa la verdad de la divinidad, sólo les importa la palabra «Dios». Y analizan y analizan.

Imagínate a una persona analizando la palabra «amor» —¿la llamarías amante? El amor es algo que tiene que ser experimentado, vivido. Una filosofía, para realmente serlo, tiene que ser una filosofía de vida. Una filosofía digna de ese nombre tiene que ser existencial, experimental; tiene que estar basada en la meditación, no en la argumentación.

De nuevo, el término «filosofía» ha perdido su reputación. Haría falta uno nuevo. Por ejemplo, ahora estaría bien cambiar «filosofía» por «filousía». *Ousía* procede de una raíz que significa «esencia».

«Filousía» denominaría a aquél que desea esencia, ser; aquél que no sólo quiere pensar en las cosas, sino experimentarlas, realizarlas, verlas.

Ése es el verdadero significado del término indio *darshan*, que se utiliza como traducción de filosofía. *Darshan* significa ver. Sería bueno hacer, ahora, exactamente lo mismo que hizo Pitágoras hace veinticinco siglos. Él cambió *sofía* por «filosofía». Ahora «filosofía» necesita ser cambiada de nuevo —yo sugiero «filousía»: el deseo de ver y experimentar la esencia o el ser, y no contentarse con sólo pensar en ello.

Continuemos con el sutra... La segunda parte, **purificación**. El sutra anterior era:

> *Al menos, si puedes:*
> *porque una ley más rígida liga el poder a la necesidad.*

Pitágoras reconoce dos motivos para las acciones humanas: el primero es un asunto de la naturaleza inferior, llamada necesidad —el segundo emana de una naturaleza superior, llamada poder, pero ambos dependen de la tácita ley primordial —Tao, Dama, Torá, Logos. En Oriente hemos llamado al primero, *prakriti* y al segundo, *purush*.

Es muy probable que Pitágoras haya oído hablar de esas dos leyes sentado en comunión con los sabios indios. También las experimentó en su propio ser, pero todo indica que el primer destello debió ocurrir en Oriente, en profunda comunión con algún maestro iluminado.

Prakriti significa naturaleza inferior, la naturaleza material, la naturaleza visible. *Purush* significa conciencia, conocimiento, la naturaleza superior. *Prakriti* es como la circunferencia de un círculo y *purush* es como el centro de un círculo. Pitágoras tiene sus propios términos: a lo primero lo llamó ley de la necesidad. Cuanto más bajo caes, más funciona la ley de la necesidad. Cuanto más te elevas en conciencia, menos funciona la ley de la necesidad y más funciona la ley del poder, la ley de la libertad.

En el nivel más bajo, la única ley es la ley de causa y efecto, y como la ciencia sólo reconoce causa y efecto no puede reconocer la divinidad, no puede reconocer la conciencia. Su propia metodología lo prohíbe. La ciencia permanece atada a los peldaños más bajos de la escalera, y la existencia es una escalera, con muchos peldaños. La escalera existe en ti, en cada ser humano, a pequeña escala.

Tu cuerpo es *prakriti*, naturaleza inferior; tu cuerpo sigue la ley de la necesidad. Incluso el cuerpo de un buda ha de seguir la ley de la necesidad. Después de la juventud, se hará viejo; después de la vejez, morirá. Incluso tratándose de un buda, la naturaleza no será diferente —es una ley muy rígida. No admite excepciones.

Por eso, digo que Jesús no nació de una madre virgen —porque el nacimiento sigue la ley inferior de la necesidad. Nadie puede ser una excepción en ella. Lo que sí parece cierto es que nació de una mujer muy inocente. Si hablamos de una virginidad simbólica, entonces estoy totalmente de acuerdo; si se trata de una expresión poética de la inocencia de María, entonces, de acuerdo. Pero si insisten en que se trata de un fenómeno fisiológico, que María era virgen, entonces simplemente están siendo estúpidos. El nacimiento sigue la ley de la necesidad.

Y con la idea de la resurrección ocurre exactamente lo mismo. Una vez que Jesús está muerto, no hay ninguna posibilidad de resurrección, porque la ley de la necesidad no admite ninguna excepción. Pero si por «resurrección» te refieres a que la vida real nunca muere, a que hay algo eterno en ti que sigue y sigue, que continúa, a que sólo muere el cuerpo burdo y que la parte más sutil de tu ser es eterna... Si por «resurrección» te refieres al renacimiento espiritual, entonces es absolutamente cierto. Pero, en un sentido histórico, no es verdad.

Y en todos los casos ocurre lo mismo.

Los jainistas dicen que Mahavira nunca sudó —eso es imposible. El ochenta y cinco por ciento del cuerpo es agua, y la transpiración es el mecanismo que regula la temperatura del cuerpo cuando hace demasiado calor. Cuando sudas, el cuerpo está poniendo en marcha una especie de aire acondicionado; cuando sudas, el agua es transportada a la superficie de tu piel y empieza a evaporarse. La evaporación requiere calor, así que absorbe ese calor de tu cuerpo y así se mantiene fresco. Se trata de un fenómeno muy natural —a no ser que tu cuerpo esté hecho de plástico o de acero, en ese caso es diferente.

Mahavira iba desnudo, y en la parte más calurosa de India, Bihar, por caminos polvorientos. Incluso en la actualidad son polvorientos, así que imagínate hace veinticinco siglos... ¿Y no sudaba? Se hubiera muerto; sin transpiración no hubiera podido sobrevivir. La transpiración es un mecanismo de supervivencia.

Pero todas las religiones quieren que su fundador sea excepcional. En algún sentido están en lo cierto. ¿En qué sentido? En el sentido de que los hombres como Mahavira, Jesús, Buda, también han alcanzado la otra ley —la ley del poder—, pero sus cuerpos no la seguirán. El cuerpo pertenece a la Tierra; seguirá la ley terrenal. Ahora sus conciencias pertenecen al mundo del poder, a *purush*, no a *prakriti*. Sus conciencias tendrán una libertad total, absoluta; no conocerán limitación alguna. Pero no podemos ver sus conciencias.

A no ser que también nosotros lleguemos a esas cimas, a esos clímax, a esos éxtasis, sólo podremos ver el cuerpo. Así que empezamos a crear historias, mitos, acerca de sus cuerpos, como si sus cuerpos se volvieran parte de la ley superior del poder. Nunca ocurre. Como metáfora, está bien; como mito, es hermoso; pero no intentes demostrarlo históricamente.

Los jainistas dicen que cuando, en cierta ocasión, una serpiente picó a Mahavira en un dedo del pie, en vez de sangre, brotó leche. Pues bien, eso es muy peligroso. Eso significa que, en el cuerpo de Mahavira, en vez de sangre, circulaba leche —pero la leche no puede ser leche durante mucho tiempo: se convierte en yogur. Mucho antes de ser picado por la serpiente, Mahavira debería apestar a yogur.

Pero como expresión poética es hermosa. Simplemente intenta decir... la leche es un símbolo del amor. Cuando una mujer da a luz a un niño, de sus pechos empieza a brotar leche — por amor. La leche es un símbolo, un símbolo poético, del amor. La historia simplemente intenta reflejar que aunque la serpiente le haya picado, de Mahavira sólo puede recibir amor — sólo eso. Para representarlo, se escribió la historia de que no brotó sangre — en vez de sangre, fluyó leche. Pero no seas insensato y no intentes demostrar fisiológicamente que realmente fluyó leche.

El cuerpo sigue formando parte de la Tierra; tu conciencia puede volverse parte del cielo, en realidad, pertenece al cielo.

El hombre es un encuentro de esas dos leyes: la ley de la necesidad y la ley del poder, *prakriti* y *purush*, cautiverio y libertad, Tierra y cielo, cuerpo y alma, lo visible y lo invisible, lo burdo y lo sutil. El hombre es un punto de encuentro. Ésa es la gloria y a la vez, la miseria del hombre. Ésa es la angustia si no se ha entendido bien —porque si no entiendes que eres un encuentro entre dos poderes inmensos, entre dos polaridades opuestas, permanecerás en un estado de ansiedad, de angustia; te sentirás destrozado porque hay dos partes tirando de ti. Tu vida se convertirá en una gran ansiedad: ¿qué ser? ¿Una cosa o la otra?

La Tierra tira de ti hacia abajo, el cielo te llama hacia arriba. El cuerpo dice: «¡Sígueme!» y el alma dice «¡Ven conmigo!». Pero sus caminos son diferentes; no puedes seguir a ambos simultáneamente. Parece casi imposible. Si sigues al cuerpo empezarás a sentirte culpable por no haber escuchado la voz del fondo de tu ser, esa voz débil, tímida. Y si sigues a esa voz débil, tímida, empezarás a sentir que estás siendo duro con tu cuerpo. El cuerpo empezará a sentirse desnutrido, desamado, y empezará a rebelarse contra ti.

¡Así que, elijas lo que elijas...! Si elijes al cuerpo, el alma se sentirá ahogada; si eliges el alma, el cuerpo se sentirá desnutrido, abandonado, ignorado. Cualquiera de las formas que elijas te provocará un estado de tensión. Ésa es la miseria del hombre.

Pero si se entienden estas dos leyes, si logras entender el ritmo de estas dos leyes, que parecen opuestas, pero que en realidad son complementarias... Todos los opuestos son siempre complementarios. La vida y la muerte son opuestos y, a la vez, complementarios. El hombre y la mujer son opuestos y, a la vez, complementarios. El bien y el mal son opuestos y, a la vez, complementarios. Si logras ver esa complementación, en ti, se da una trascendencia —entonces, tu gloria se manifiesta, te conviertes en un esplendor.

Ése es el estado de un buda, el estado de un Jesús —llámalo conciencia de Cristo o conciencia de Buda o conciencia de Krisna, da igual el nombre que uses, lo que describe es eso. Cuando tu tensión se disuelve, cuando tu ansiedad se resuelve, cuando puedes ser el cuerpo y el alma juntos, en armonía, cuando has aprendido a jugar con tu cuerpo y tu conciencia a la vez, simultáneamente y sin fricción, entonces tu vida produce una gran música. Esa música es meditación. Entonces, tu vida se convierte en una melodía tremendamente importante. Te conviertes en un festival, una celebración. Floreces.

Utiliza tu cuerpo como cimientos y, sobre ellos, crea un templo con tu conciencia. Que el cuerpo sean los cimientos y la conciencia, el templo. Utiliza tu cuerpo como si fuera una flauta, y que la conciencia sea la canción que surge a través de ella. Utiliza tu cuerpo como si fuera un sitar, y que tu conciencia sea la música que surge de él.

¿Te has dado cuenta? De un instrumento físico, material, surge música, que no tiene nada de material, que es completamente espiritual. En ese contexto, Pitágoras dice: estas dos leyes fundamentales, la ley de la necesidad y la ley del poder, están arraigadas en una ley primordial. A esa ley, Lao Tzu la llama Tao, Jesús la llama Logos, Buda, la ley del Dharma. Moisés llama a esa ley la ley de la Torá. Hay una ley fundamental donde todas las dualidades se disuelven y se vuelven no-duales —ésa es divinidad, esa ley primordial es la verdad.

La verdad tiene un cuerpo —su cuerpo está formado por la ley de la necesidad; y también tiene un alma—, su alma está formada por la ley del poder. El hombre es ambas cosas: una cuerda entre dos eternidades, entre el pasado y el futuro, entre la materia y la conciencia. Y para caminar por esa cuerda floja es necesario tener mucha habilidad. Tendrás que convertirte en un equilibrista.

Una persona religiosa es aquélla que aprende el arte de caminar sobre la cuerda floja. ¡Es muy arriesgado! Es muy peligroso: un sólo paso en falso y te caerás, un sólo paso en falso y te extraviarás; un pequeño error provocará una gran caída. Cuanto más alto vayas, más peligrosa será tu vida. Pero cuanto más peligrosa es la vida, más merece la pena vivirla, más sentido, más significado tiene.

Nietzsche también dijo: «¡Vive peligrosamente!». ¿A qué se refiere cuando dice: «¡Vive peligrosamente!»? Aquéllos que se limitan a vivir convenientemente, en realidad, no viven en absoluto; su vida no es más que una muerte gradual, un suicidio lento. La vida sólo muestra su agudeza, su brillantez, cuando vives peligrosamente. Y el mayor peligro es moverse entre la ley de la necesidad y la ley del poder, como si estuvieras cruzando de una cima del Himalaya a otra, sobre una cuerda floja... si caes estás perdido. Pero si llegas, habrás alcanzado la mayor gloria —la verdad será tuya, el nirvana será tuyo.

El hombre es ambas cosas... una cuerda... una escalera... un encuentro entre la Tierra y el cielo, el cuerpo y el alma, el cautiverio y la libertad, el *samsara* y el nirvana... Mientras no entiendas eso, seguirás en la agonía. Cuando lo entiendes, llega el éxtasis. La energía que se convierte en agonía o en éxtasis es la misma. En la ignorancia, esa misma energía se vuelve amarga y venenosa, crea el infierno. Cuando te vuelves más consciente, más alerta, más observador, esa misma energía se transforma —se convierte en un paraíso.

A continuación, el sutra de hoy:

Aun así, se te ha dado el luchar y sobreponerte a tus insensatas pasiones: aprende a dominarlas.

Habrá que meditar sobre estas palabras, porque que fueron dichas hace veinticinco siglos y su significado ha cambiado. Fueron escritas antes de que Freud existiera. Fueron escritas en un entorno completamente distinto, en una atmósfera completamente distinta —entonces, su significado era completamente distinto. Tendrás que entender ese significado, no el significado que tú asocias a esas palabras.

«Aun así», Pitágoras dice: ... aunque sea muy difícil, porque una ley muy rígida liga el poder a la necesidad. Es peligroso crear la armonía, es moverse por el filo de la navaja —pero, no obstante, es posible, no es imposible. Es difícil, pero no imposible.

Aun así, te ha sido otorgada... ¡Es tu derecho de nacimiento! ... la capacidad de luchar y sobreponerte a tus insensatas pasiones.

Aquí «luchar» no significa lo que tú entiendes por la palabra «luchar». Aquí "«luchar» tiene un significado totalmente distinto. En la escuela de misterio de Pitágoras, la palabra «luchar» significaba crear fricción. Gurdjieff solía darles los mismos métodos a sus discípulos: métodos de fricción. Crea una fricción en ti mismo —porque la fricción, produce energía.

Por ejemplo, si estás enfadado, si sientes que una gran ira está surgiendo en ti, el método de Pitágoras es: cuando surja la ira en ti, confróntala; deja que surja en ti una gran compasión. Será difícil, porque cuando estás airado es difícil ser compasivo, pero no es imposible.

En realidad, la ira y la compasión no son dos energías diferentes. Es la ira lo que se convierte en compasión; la compasión es lo que está detrás de la ira. Así que puedes convertir la ira en compasión, eso es lucha, fricción —estás creando una dualidad, estás creando dos cimas. Y tienes que caminar entre esas dos cimas, de la ira a la compasión, sobre la cuerda floja. Y si logras llegar de la ira a la compasión, te habrás sobrepuesto a la ira.

Cuando surja el sexo, crea amor —son la misma energía—, camina desde el sexo hasta el amor. Al principio, será difícil, porque hemos olvidado por completo los métodos de fricción. ¡Pero inténtalo!

Por ejemplo, cuando te sientas triste —empieza a bailar. Te sorprenderá el cambio inmediato que eso produce en ti. La tristeza está ahí, en un rincón, pero, en el otro rincón, justo en frente, empieza a surgir una sutil dicha. Te sorprenderá enormemente. ¡No te podrás creer lo que está ocurriendo! Cuando por primera vez estés triste y, no obstante, alegre, ambas cosas a la vez; eso es lucha, eso es fricción. Esa fricción produce una gran energía, provoca un gran fuego en ti —y ese fuego purifica. Con la fricción siempre surge fuego.

El primer hombre que hizo fuego debió hacerlo por fricción, frotando dos piedras. La primera idea de hacer fuego debe haber llegado al hombre observando cómo los bambúes u otros árboles se encendían al frotarse por los efectos de una gran tormenta de viento —observando la fricción en la naturaleza. Cuando hay mucho viento, los bambúes empiezan a frotarse entre sí, se calientan, y acaba surgiendo el fuego, es frecuente en los bosques de bambúes. La primera idea del fuego debe haber venido de la observación de algún proceso de fricción en la naturaleza.

En el interior ocurre lo mismo: provoca fricción. Provoca siempre lo opuesto a lo que esté ocurriendo en ti. Primero tienes que aceptar que no es imposible, porque nunca lo has intentado. Pero recuerda, todo lo que sientes permanece siempre en ti. Unas veces de forma manifiesta, y otras de forma latente. Así que cuando intentas crear lo opuesto, lo único que estás haciendo es despertar algo que está latente en ti.

Ya has amado antes, ya has sido compasivo antes, conoces la compasión. Cuando predomina la ira, en alguna parte, en algún habitáculo de tu ser, está durmiendo la compasión —despiértala. Y cuando hayas aprendido que se la puede despertar, habrá una gran fricción en ti. La ira y la compasión empezarán a luchar.

Y recuerda: cuando hay una lucha entre lo inferior y lo superior, siempre vence lo superior; lo inferior no puede vencer. Lo inferior sólo puede vencer si lo superior está ausente; lo inferior sólo vence en ausencia de lo superior. Cuando lo superior está presente, lo inferior no tiene poder.

Por eso Pitágoras llama a lo superior la ley del poder.

Aun así, se te ha dado el luchar y sobreponerte a tus insensatas pasiones: aprende a dominarlas.

Tus pasiones son insensatas. Recuerda, Pitágoras no está en contra de las pasiones —porque ellas contienen toda la energía que tienes. Está en contra de la insensatez. En cuanto tus pasiones adquieren el color de la inteligencia, son maravillosas.

El sexo, cuando sólo es una necesidad inconsciente, mecánica, en ti, es erróneo. Recuerda, el sexo en sí no es erróneo: lo erróneo es que sea mecánico. Si consigues traer algo de luz de inteligencia a tu sexualidad, esa luz la transformará. Dejará de ser sexualidad —será algo completamente distinto, tan distinto que, en Occidente, no hay una palabra que lo describa.

En Oriente tenemos una palabra que lo describe, *tantra*. En Occidente no hay ninguna palabra que lo describa. Cuando el sexo se une, se liga a la inteligencia, se produce una energía completamente nueva —a esa energía se la llama *tantra*.

El término *tantra* describe la capacidad de expansión, aquello que va expandiéndose. El sexo te encoge, el *tantra* te expande. Es la misma energía, pero hay un giro. Deja de ser egoísta, deja de estar centrada en uno mismo. Empieza a expandirse —empieza a expandirse a toda la existencia. Con el sexo, puedes llegar al orgasmo durante un momento, y pagando un precio muy elevado. Con el *tantra* puedes vivir en el orgasmo las veinticuatro horas al día, tu propia energía se vuelve orgásmica. Y tu encuentro ya no es con un individuo: tu encuentro es con el propio universo. Ves un árbol, una flor, una estrella, y ocurre algo parecido a un orgasmo.

El hombre que se ha llegado a ser absolutamente inteligente, alerta, consciente, vive de un modo orgásmico. Su propio movimiento está lleno de clímax orgásmicos, y clímax sobre clímax. Cuando ocurre el *tantra*, el sexo desaparece. El sexo es una semilla, el *tantra* es el árbol — has de dejar que la semilla muera para que nazca el árbol.

Cada una de tus energías se puede presentar de dos formas: inteligente o insensata. Pitágoras no está en contra de tus pasiones —pero, como todos los hombres sabios, está en contra de la insensatez, de la ignorancia, de la oscuridad, de la estupidez, del automatismo.

En el sexo funcionas como un robot. Algo de la ley de la necesidad, algo de prakriti, algo de la naturaleza inferior, se apodera de ti, entonces, dejas de ser tú mismo —te conviertes en un esclavo. Cuando llegas a ser tu propio maestro, vives en el mismo mundo, pero con una visión completamente distinta —ese mismo mundo se vuelve divino.

A eso es a lo que se refieren los maestros Zen cuando declaran: «*Samsara* es nirvana» —este propio mundo es iluminación. Lo único que necesitas es que en ti ocurra el cambio de la insensatez a la sabiduría, de la inconciencia a la conciencia.

Aun así, se te ha dado el luchar y sobreponerte a tus insensatas pasiones: aprende a dominarlas.

No hay que destruirlas, sólo dominadas. Pero recuerda, dominar no significa reprimir —no según la metodología de Pitágoras. Dominar simplemente significa que si te vuelves consciente, tú te conviertes en el maestro y las pasiones se convierten en tus esclavas. Como esclavas son hermosas, pero como maestras son peligrosas.

Libertad significa maestría sobre ti mismo, y cautiverio significa falta de maestría sobre ti mismo. Cuando eres inconsciente, eres víctima de mil y una estúpidas pasiones —ira, sexo, avaricia, orgullo, etcétera. Cuando te vuelves alerta, cuando observas tus pasiones, cuando observas lo que te ocurre, cuando desautomatizas tus acciones, cuando pones más y más conciencia en tus relaciones mecánicas, y las transformas en algo menos mecánico, surge cierta maestría. Y todas esas pasiones que antes clamaban ser las maestras se convierten en simples sirvientes.

Es como una pequeña clase en la que todos los niños están armando jaleo, peleando y tirándose cosas... y, de repente, entra el director en la sala. Al instante, todo el mundo está en su pupitre con los libros abiertos. De repente, prevalece el silencio. El director no tiene que decir ni una palabra —su presencia es suficiente.

Cuando entra el maestro —y por «maestro» me refiero a cuando tu conciencia está despierta —todas tus pasiones se ponen firmes inmediatamente. Dejan de reclamar maestría: el maestro ha llegado. Luchaban por reclamar maestría porque el verdadero maestro estaba ausente. Eso es dominio. Conviértete en testigo de tus pasiones, el dominio sucede.

Sé sobrio, diligente y casto; evita toda cólera. Nunca te permitas ninguna vileza en público o en privado y, sobre todo, respétate a ti mismo.

El principio más básico y primordial de la filosofía de Pitágoras es respétate a ti mismo. Los sacerdotes te han repetido una y otra vez que no te respetes a ti mismo. Te enseñan que respetes a algún otro —a Buda, a Mahavira, a Cristo—; respeta a otro y censúrate a ti mismo. Hay una sutil estrategia en eso: sólo se puede respetar a otros si antes te censuras a ti mismo. Si no te censuras a ti mismo no hay ninguna posibilidad de respetar a otros. Cuando te respetas a ti mismo, no hay nadie superior o inferior, no hay nadie más elevado o más bajo. Entonces, se da un fenómeno completamente distinto, al que no se le puede llamar respeto. Está más cerca del amor que del respeto.

El verdadero discípulo ama al maestro porque ha visto en él algo de su propio ser; algo de su propio ser que era desconocido se ha vuelto conocido a través del maestro. Se respeta a sí mismo, y respeta al maestro porque él se respeta a sí mismo. Pero ese respeto tiene un color diferente: no es una formalidad, no es impuesto —es parte del amor. El amor no conoce a nadie como superior o inferior. El amor nunca piensa en términos de superior e inferior. El respeto es algo formal: el amor es informal. El respeto es algo que se cultiva. El amor no se cultiva, es espontáneo... es algo que surge en ti.

Por ejemplo, si has nacido cristiano, respetas a Cristo; si has nacido hindú, respetas a Krisna. Si el hindú se cruza con Cristo, no lo respetará; si un hindú se cruza con Cristo y no puede respetarlo, ¿cómo va a respetar a Krisna? Eso demuestra que tampoco sabe nada acerca de Krisna, porque el hombre que entiende y ama a Krisna, también amará a Cristo, porque, para él, Cristo será otra forma de la misma energía.

Si amas a Buda, amarás a todos los budas del mundo —en cualquier forma que aparezcan, en cualquier camino que aparezcan, serás capaz de reconocerlos inmediatamente, al instante. Pero el hombre que respeta no será capaz de reconocerlos porque su respeto sólo es formal. Sólo puede respetar a Buda porque se lo han enseñado. No respetará a Mahavira, no respetará a Mahoma, no —es imposible. ¿Cómo va a respetar un jainista a Mahoma? ¡Es imposible! Y eso simplemente demuestra que ni siquiera ama a Mahavira. No ha llegado a conocer Mahavira: de haber sido así, si hubiera llegado a conocer a Mahavira, reconocería a todos aquellos que están iluminados.

Puedes probar el agua del mar en cualquier lugar —siempre tiene el mismo sabor, el sabor de la sal. No importa que lo hagas en el océano Indico o el océano Atlántico —no hay ninguna diferencia; el sabor siempre es el mismo.

Lo primero es: sobre todo, respétate a ti mismo —porque hasta que no te respetes a ti mismo no podrás conocerte a ti mismo. Sólo si amamos, si respetamos, podemos saber. Sólo si pensamos que estamos yendo hacia algún tipo de gloria estaremos yendo hacia adentro. Si piensas que eres un ser desdichado y corrompido, un pecador, condenado desde el principio, si te odias a ti mismo, si te sientes indigno, ¿cómo vas a ir hacia adentro? ¿Quién quiere ir al infierno? Lo evitarás, nunca irás adentro.

Yo estoy completamente de acuerdo con Pitágoras en que el requisito básico para la meditación es un enorme respeto por uno mismo. Pero recuerda, no se trata de egoísmo. Si te respetas a ti mismo, respetas a todos los demás — porque, al igual que tú, todo el mundo tiene un yo. Si respetas tu ser interior, en ese mismo respeto, respetarás a todos los seres del mundo. Respetándote a ti mismo, respetarás al árbol y a la montaña porque ellos también tienen sus propios seres.

El respeto a uno mismo no es egoísmo: es justamente lo opuesto. Es glorificarse en el gran regalo que has recibido de la existencia. Es gratitud.

Entonces... *Sé sobrio...* El principio pitagórico es el del dorado medio —por «sobrio» quiere decir que no seas ni demasiado serio ni demasiado poco serio. Eso es sobriedad, justo en el medio. Según Pitágoras, el exceso es malo. Estar equilibrado es estar en el medio.

Por eso, Buda dice: «*Majjkim nikaya*» —el camino de en medio. Por eso, Confucio dice: «Estar en el medio es el camino del sabio». Estar exactamente en el medio es superar la dualidad. En el medio exacto hay tranquilidad, equilibrio, estabilidad y trascendencia.

Sé sobrio, diligente... De nuevo, recuerda el dorado medio —ése es el fundamento de la filosofía pitagórica. «Diligencia» no significa actividad excesiva, actividad enfebrecida, no. Ni demasiada actividad ni demasiada inactividad —exactamente, justo en el medio, la diligencia es un equilibrio entre la inactividad y la actividad. No te vuelvas loco por la actividad, no estés intranquilo —como ha sucedido en Occidente. La gente no puede descansar en absoluto; es como si estuvieran poseídos por demonios.

Tienen que estar siempre trabajando. No pueden quedarse sentados en silencio ni siquiera por un momento.

Oriente se ha ido al otro extremo: se ha vuelto letárgico, inactivo, fatalista; nadie quiere hacer nada. En Oriente, todo el mundo es alérgico al trabajo. Occidente cada vez se está volviendo más loco por el exceso de actividad; Oriente cada vez se va volviendo más pobre, más enfermo, por el exceso de inactividad.

En la Tierra, se necesita un hombre nuevo, un hombre pitagórico: un hombre que camine por el medio. Se necesita un hombre que no sea ni oriental ni occidental. Se necesita un hombre que sepa estar activo e inactivo. Se necesita un hombre que pueda traer armonía entre la inactividad y la actividad, que, incluso mientras esté ocupado, pueda permanecer completamente relajado; que no sea alérgico ni al trabajo ni al ocio. Eso es la diligencia.

... y casto... Ambos, el santo y el pecador, se han ido al exceso. Ni el santo ni el pecador son castos. El pecador se ha metido en exceso en el vicio, y el santo se ha metido en exceso en la virtud. El santo se ha vuelto recto; en él ha surgido el gran ego de que: «¡Soy un santo!». Y el pecador se ha internado tanto en los caminos equivocados que en él ha surgido una gran censura que dice: «Soy un pecador, soy indigno».

¿Qué significa ser una persona casta? Una persona casta es aquélla en la que no hay excesos —según Pitágoras, el exceso es impureza, y yo estoy completamente de acuerdo. El exceso es impureza. Y ser puro, casto, es no excederse, quedarse exactamente en el medio; sin tensiones que tiren de ti a un camino u otro.

Castidad significa que eres natural, relajado; que no has elegido un determinado carácter para ti mismo. Todos los caracteres son incastos. Que no has elegido una determinada moralidad o inmoralidad. ¡Que no has elegido nada! Simplemente te mantienes atento y respondes momento a momento desde la castidad de tu atención. La atención es castidad —es virgen, es pura.

Recuerda, cuando te conviertes en el testigo de tu ser, te vuelves como el cielo. Las nubes vienen y van —nubes negras, nubes blancas. Todas ellas vienen y van —pero el cielo permanece impoluto. Ninguna nube deja mancha alguna, mácula alguna, en él. Dentro de ti hay un cielo exactamente igual —el cielo de la conciencia. ¡Es casto! Cuando eliges algo —cuando eliges una nube u otra— caes de tu castidad, caes de tu virginidad. Te identificas. Identificarse significa volverse impuro. Mantenerse sin identificarse es mantenerse puro.

Y... *Evita toda cólera.* Evita toda rabia, porque todo lo que hagas estando colérico, bajo la violenta tormenta de la cólera, será erróneo. Aunque hagas algo correcto, será erróneo.

Este sutra está basado en la propia vida de Pitágoras, en una experiencia suya. Cuando regresó de Oriente, en torno a él empezaron a reunirse muchos buscadores. Había traído ese magnetismo del no-ser. Había traído algo de inmenso valor, un tesoro, así que, los buscadores empezaron a venir. Él estaba entusiasmado por trasmitir el mensaje que había traído, por compartir el tesoro. Como se estaba haciendo viejo, temía no poder llegar a compartir la gran riqueza, riqueza interior, que había traído de Oriente. ¡Había dedicado toda una vida a la búsqueda! Ahora tenía prisa, así que, con el primer grupo de discípulos que se habían reunido, fue muy duro. Naturalmente, él quería que crecieran lo más rápidamente posible. ¿Quién sabe? —podría morirse mañana. Se estaba haciendo viejo. Además, ése no era el único peligro: la mente del rebaño, la mente de la masa, estaba en contra de él.

Los buscadores de la verdad se iban enamorando de él, pero hay tanta gente que vive tan sumida en sus mentiras... toda esa gente se sentía amenazada. Existía un gran peligro de que fuera asesinado. Aunque la muerte natural no viniera a por él, había muchas posibilidades de que la masa intentara asesinarlo. Así que, naturalmente, tenía prisa. Y era más duro con aquellos que tenían mayor capacidad.

El discípulo más capacitado hizo algo equivocado —actuó de una manera inconsciente. Y Pitágoras, desde el amor y la compasión, lo regañó, fue muy duro con él. En realidad, el maestro no estaba enfadado, pero al discípulo se lo pareció, y eso fue suficiente para que el desenlace tuviera un resultado tremendamente fatal.

El discípulo, que debía ser un hombre de gran temple, se suicidó. Y eso causó una herida muy profunda en Pitágoras. Nunca jamás volvió a ser duro con ningún discípulo. Nunca volvió a pronunciar una palabra que pudiera ser interpretada como un enfado del maestro. El discípulo se sintió tan culpable que se suicidó. Debe haber sido de esa clase de hombres... Buda dice que hay buenos caballos y malos caballos, y los buenos caballos son aquellos para los que simplemente la sombra de la fusta es suficiente. No hace falta fustigarles, simplemente con la sombra de la fusta...

El discípulo debía de estar muy cercano a la verdad. Es raro encontrar a alguien con cualidades de ese calibre —sentirse tan mal por haber traicionado al maestro. Había prometido estar consciente y había caído de la conciencia. No se le ocurrió otra cosa que suicidarse.

Desde ese día, Pitágoras, tomó una decisión: Evitar toda ira —no enfadarse aunque fuera por una buena causa. La ira es como un veneno; aunque vaya asociada al bien, envenenará el bien, destruirá su belleza.

Nunca te permitas ninguna vileza en público o en privado y,
sobre todo, respétate a ti mismo.

¿Qué es la vileza? La vileza es la inconsciencia. La vileza es actuar inconscientemente. ¿Y qué es la virtud? La virtud es actuar conscientemente. Pitágoras nunca le dio ninguna moralidad al mundo; ningún verdadero sabio le ha dado nunca ninguna moralidad al mundo. De la verdadera sabiduría siempre ha salido un sólo consejo: Vuélvete más alerta en todo lo que hagas. En privado o en público, funciona conscientemente, actúa conscientemente.

Se cuenta que:

Un día, Buda estaba caminando con un discípulo —debe haber sido justo antes de iluminarse. Incluso antes de iluminarse, en torno a él ya se habían reunido unos cuantos discípulos, una luz había empezado a extenderse —igual que ocurre al amanecer, aunque el sol todavía no haya salido, el cielo se vuelve rojo y la Tierra se llena de luz. Es una clara señal de que el sol está a punto de salir por el horizonte.

Justo antes de iluminarse, Buda tenía cinco discípulos. Iba caminando con esos cinco discípulos; una mosca se posó sobre su cabeza. Estaba hablando a sus discípulos; sin poner mucha atención, movió la mano mecánicamente, la mosca se marchó. Entonces él paró, cerró los ojos. Los discípulos no podían entender lo que estaba ocurriendo, pero todos guardaron silencio —algo maravilloso estaba ocurriendo.

Su cara adquirió una gran luminosidad, entonces levantó la mano muy lentamente, y de nuevo la acercó a su frente como si la mosca todavía estuviera posada allí. Ya no estaba allí. Los discípulos le preguntaron: «¿Qué estás haciendo? La mosca ya no está ahí».

Él contestó: «Pero ahora estoy moviendo la mano conscientemente —antes lo hice inconscientemente. Perdí una oportunidad de ser consciente. Estaba demasiado enfrascado hablando con ustedes y la mano se movió mecánicamente. Debí haberla movido conscientemente. Ahora la estoy moviendo como debería haberlo hecho».

Éste es el camino de la virtud: volverse tan alerta que incluso los más mínimos actos, gestos, movimientos, estén llenos de conciencia.

No hables ni actúes antes de reflexionar; sé justo.

La palabra «reflexión» también ha de ser entendida. No significa, como dicen los diccionarios, pensar —significa exactamente, literalmente, reflejar, como un espejo. Si lees este sutra, pensarás que quiere decir que uno tiene que pensárselo, y luego actuar. En ese caso lo habrás entendido mal. «No hables ni actúes antes de reflexionar...» —uno tiene que ser un espejo. Pensar es justo lo opuesto a reflexión. Reflexión simplemente significa sin pensar, simplemente estar alerta, ser un espejo, y dejar que el acto surja de ese reflejar —entonces, siempre estará bien.

Si piensas, ¿en qué pensarás? Traerás el pasado —las experiencias pasadas, las memorias —y actuarás desde el pasado. Y actuar desde el pasado significa ser irresponsable. Si se hace desde el pasado no se tratará de un acto, sino de una reacción; será algo mecánico. Actuar en el momento, actuar espontáneamente ahora y aquí, requiere reflexión, no pensamiento.

Conviértete en un espejo. Antes de actuar o decir una palabra, entra en un estado meditativo, entonces nada será erróneo, nunca. Y jamás tendrás que arrepentirte.

Y «sé justo» —¿a qué se refiere Pitágoras por justo? No utilices un doble rasero; un rasero para ti y otro para los demás. Mantén un único rasero — eso es justicia.

Todos utilizamos dobles raseros.

El hijo del mulá Nasrudin le preguntó: «Papa, ¿cómo llamarías a un musulmán que se hace cristiano?».

Él contestó: «¡Renegado!».

El hijo se quedó pensando y le volvió a preguntar: «Y a un cristiano que se hace musulmán, ¿cómo le llamarías?».

Él se rio y dijo: «Hombre comprensivo».

Eso es doble rasero. Si un hindú se hace cristiano, los cristianos pensarán que ha surgido la comprensión en él; pero si un cristiano se hace hindú, será un traidor, será censurado. Eso es un doble rasero.

El hombre justo sólo tendrá un rasero para él y para los demás.

... Recuerda que un poder invencible ordena morir...

La muerte está viniendo. Ya ha venido con tu nacimiento. Tu nacimiento ha determinado tu muerte. No puedes eludirla; no hay forma de eludirla. La única manera de eludir la muerte es no nacer. Pero ya has nacido, así que la muerte seguirá al nacimiento como el día sigue a la noche.

Recuérdalo, porque normalmente nos olvidamos de la muerte. Vivimos como si fuéramos a estar aquí para siempre —y por eso desperdiciamos todas la oportunidades de buscar al verdadero yo, el verdadero tesoro. Vivimos preocupados por trivialidades, pensando: «Mañana buscaremos la verdad, estaremos aquí, ¿qué prisa hay? Hoy nos preocuparemos de meter un poco más de dinero al banco».

... Que las riquezas y los honores fácilmente adquiridos
se pierden fácilmente.

La muerte se lo llevará todo. Llegas con las manos vacías y te irás con las manos vacías... y a no ser que mires dentro, permanecerás vacío. Si miras dentro, te convertirás en un emperador; el mendigo en ti desparecerá inmediatamente. La mente es un mendigo, el alma es un emperador.

Conocerse a uno mismo es saber que no se necesita nada, que ya te ha sido dado: «Tengo el mayor de los tesoros, tengo todo el reino. No tiene sentido añadirle nada —no se le puede añadir nada, tal como es, es perfecto».

Así que, si quieres buscar y encontrar, busca y encuentra el verdadero tesoro —que la muerte no se puede llevar. Ése es el criterio para discernir: si la muerte se lo puede llevar, es un tesoro falso; si la muerte no se lo puede llevar, es un tesoro verdadero.

En cuanto a los males que implica el destino, juzga lo que son; resístelos y esfuérzate todo lo que puedas por modificar sus rasgos. Los dioses no han expuesto al sabio a lo más cruel.

Y habrá muchos problemas y muchos dolores en la vida —forman parte del crecimiento. Acéptalos como lo que son. Eso no significa que haya que volverse morboso; eso no significa que haya que volverse masoquista. Ocurra lo que ocurra, aguántalo, pero si lo puedes mejorar, si lo puedes modificar, modifícalo. Éste es un consejo muy saludable.

Hay ciertos peligros. Y uno de ellos es que la gente empiece a combatir todo dolor en la vida; que quiera eludir todos los dolores —en cuyo caso, se estaría impidiendo el crecimiento. Ése es un escollo. El otro escollo es que la gente empiece a aceptar los dolores, y no sólo a aceptarlos sino a invitarlos, y no sólo a invitarlos sino a crearlos. Como si yendo a través de muchos dolores fueran a crecer más deprisa. Entonces se vuelven autodestructivos, suicidas. Ambos extremos han de ser evitados. Si a tu vida llega algo de dolor, acéptalo, aguántalo —crece a través de él observándolo. Si ves que puedes modificarlo un poquito, aquí y allá, modifícalo, porque modificarlo también forma parte del crecimiento. Recuerda siempre:

Los dioses no han expuesto al sabio a lo más cruel.

El hombre sabio, en realidad, no está expuesto a ninguna agonía, a ningún infierno. Todo aquello a lo que el sabio esté expuesto forma parte de una vida de crecimiento. La vida no puede crecer sin retos, y los dolores, las desgracias, los sufrimientos, son retos. No puedes volverte consciente sin sufrimiento. El sufrimiento evoca conciencia en ti.

Tantos como la verdad, tiene sus amantes el error; con prudencia el filósofo aprueba o censura; *si el error triunfa, él se marcha y espera.*

Recuerda, no todo el mundo está enamorado de la verdad —en realidad, la mayoría está en su contra, la mayoría no está dispuesta a aceptar la verdad. Ha invertido demasiado en mentiras. Estarán en tu contra. Por eso, dice:

Tantos como la verdad, tiene sus amantes el error...

No te enfades con ellos —es su elección. Si aman los errores, las mentiras, allá ellos. Es su decisión; no te enfades con ellos, no los censures.

... con prudencia el filósofo aprueba o censura...

Y si algunas veces, el filósofo aprueba o censura, además de que siempre lo hace con gran alerta, con gran conciencia, no lo hace por el mero hecho de censurar o elogiar a alguien sino para ayudar —sino para convertirse en una bendición para todos.

No hace falta que triunfes, porque tienes la verdad contigo. Jesús fue crucificado —¡eso fue la crucifixión de la verdad! Sócrates fue envenenado —eso fue el envenenamiento de la verdad. Así que, no pienses que si tienes la verdad triunfarás. La mente del rebaño cree en su propia ignorancia, en su propia ceguera, en sus propias supersticiones. Y la mente del rebaño es poderosa; es la mayoría de la Tierra.

Así que, si el error triunfa... y hay muchas posibilidades de que lo haga... el hombre sabio, el filósofo, **se marcha** —se marcha a sí mismo— y espera... espera el momento adecuado. No se enfada, no se siente frustrado. No espera que la verdad venza. Ocurra lo que ocurra, lo acepta, y espera el momento adecuado. Si surge el momento adecuado, volverá a declarar la verdad.

Pero siempre está esperando. No tiene ningún interés en imponerse sobre los demás —él nuca impone. Ama y respeta a la gente y su libertad, su dignidad y su elección. No tiene la idea de dominar a la gente. Espera...

Siempre ha sido así. El maestro espera a que el discípulo venga. El verdadero maestro siempre espera a que el discípulo venga. En realidad, él nunca va en busca del discípulo porque eso sería, en cierto modo, imponerse sobre los demás. Los que estén sedientos vendrán. Si vienen, bien —él comparte todo lo que tiene. Si no vienen, bien... es su libertad venir o no venir.

Capítulo 3

El dorado medio

Escucha y, en tu corazón, graba mis palabras: mantén los ojos y los oídos cerrados al prejuicio; de los demás, el ejemplo teme; piensa por ti mismo.

Consulta, delibera y elige libremente.

Deja que los insensatos actúen sin objetivo y sin causa;
tú debes, en el presente, contemplar el futuro.

No finjas conocer aquello que no conozcas. Instrúyete:
porque el tiempo y la paciencia favorecen a todo.

No descuides tu salud...

... Dispensa, con moderación, comida al cuerpo y, a la mente, reposo.

Tanto el exceso como la falta de atención, rechaza;
porque la envidia se apega, igualmente, a cualquier exceso.

La lujuria y la avaricia tienen resultados similares.
Uno debe elegir, en todas las cosas, un medio justo y bueno.

Pitágoras también introduce la palabra «cosmos».

«Cosmos» significa orden, ritmo, armonía. La existencia no es un caos, sino un cosmos. Pitágoras ha contribuido mucho al pensamiento humano, a la evolución humana. Su visión de un cosmos se convirtió en los cimientos de la investigación científica.

La ciencia sólo puede existir si la existencia es un cosmos. Si es un caos, no hay ninguna posibilidad de ciencia. Si las leyes cambiaran cada día, a cada momento —un día el agua se evapora a cien grados, otro día a quinientos grados— si el agua funcionara de una manera caprichosa y no siguiera ningún orden, ¿cómo podría haber ciencia?

La ciencia presupone que la existencia funciona de un modo consistente, de un modo racional, que no está loca, que si investigamos la existencia en profundidad, encontraremos leyes —y esas leyes son la clave de todos los misterios.

Y eso sirve tanto para la ciencia como para la religión —porque la verdadera religión no es otra cosa que la ciencia de lo interno. A la ciencia exterior se le llama ciencia; a la ciencia interior se le llama religión —pero ambas sólo pueden existir en un cosmos.

Hay leyes del mundo interno. Al igual que se han descubierto las leyes científicas, también se han descubierto esas leyes. Ni las leyes científicas ni las leyes religiosas han sido inventadas. La verdad es —no hace falta inventarla. Cualquier cosa que se inventara no sería verdad —todas las invenciones son mentira.

La verdad ha de ser descubierta, no inventada. Einstein descubrió una determinada ley; también Patanjali descubrió una determinada ley; Newton descubrió la gravedad, Krishna descubrió la gracia —ambas son leyes. Una corresponde a la Tierra, la otra corresponde al cielo; una corresponde al mundo de la necesidad, la otra corresponde al mundo del poder. Una corresponde a lo visible y la otra corresponde a lo invisible.

Es su visión de un cosmos lo que convierte a Pitágoras en el creador de un concepto científico del mundo. Él fue el primer científico, fue quien proporcionó los cimientos. Pero hay que comprender su idea de un cosmos, porque si no la comprendes, no entenderás de qué está hablando.

El mundo interior, el mundo del espíritu, sigue ciertas leyes, y esas leyes son inmutables, son perennes. Por eso, a esta serie de conferencias la he titulado Philosophia Perennis —la filosofía perenne. Esas leyes no están sujetas al tiempo, están por encima del tiempo. El propio tiempo funciona bajo esas leyes. Si quieres hacer algo en el mundo exterior, necesitarás conocer el funcionamiento de la existencia exterior, porque si no lo conoces, fracasarás.

La naturaleza no tiene ninguna obligación de adaptarse a ti —tendrás que ser tú quien se adapte a la naturaleza. Sólo puedes vencer a la naturaleza adaptándote a ella. Incluso puedes llegar a ser un conquistador, pero con la naturaleza, en armonía con la naturaleza; nunca en contra de la naturaleza. También puedes convertirte en un maestro del reino interior —pero no en contra de sus leyes, sino en armonía con ellas.

Por esta visión mística —de que el mundo no es casual, anárquico, sino absolutamente armonioso, cósmico, ordenado— Pitágoras pudo descubrir muchas cosas para los buscadores. Una de las cosas que descubrió fue que la música puede ambientar la meditación. Él fue el primero, una vez más, que introdujo esa idea en Occidente. En Oriente, desde hacía siglos, sabíamos que la música es el mejor entorno para la meditación. ¿Por qué? Porque la música produce armonía a tu alrededor, y la armonía a tu alrededor puede provocar armonía en tu interior. Si el exterior es armonioso, también el interior empieza a alinearse con él —eso es algo que habrás podido observar muchas veces.

En el mercado, sientes una gran perturbación en tu interior —con la masa nunca te sientes en casa. En el mercado todo el ambiente es antimúsica; no hay armonía, es un caos. Y el caos exterior provoca el caos interior.

Ve a un manicomio, quédate con los locos unas cuantas horas, y verás: empezarás a sentir que algo en ti se está volviendo loco. Ve a un hospital, quédate allí, con los pacientes, durante unas cuantas horas, y empezarás a sentir que te va entrando cierto malestar, una especie de sentimiento de enfermedad. No estás enfermo; no estabas enfermo cuando entraste al hospital. ¿Qué ha ocurrido? La onda de enfermedad que te rodea empieza a sincronizar con tu interior, porque lo exterior y lo interior no están divididos; forman parte de un todo. Lo interior es el interior de lo exterior, y lo exterior es el exterior de lo interior. No pueden estar separados. Así que, se afectan el uno al otro.

Si conoces la meditación profundamente, puedes sentarte en el mercado y nada te perturbará porque en tu interior sigue sonando una poderosa música. Tan poderosa que el mercado y su ruido no pueden afectarla; al contrario, puede que la gente que esté a tu alrededor sienta cierto efecto balsámico, cierta calma. Un verdadero buda, aunque se siente en el mercado, produce un campo búdico a su alrededor, y todo aquel que entra en su campo búdico es afectado inmediatamente —empieza a entrar en armonía. Algo en su interior empieza a posarse; algo en su interior empieza a colocarse. Se vuelve más centrado, equilibrado.

Ése es el secreto de estar con un buda. La idea es permitir que la onda del maestro provoque a tu armonía interior que está dormida y que tú desconoces. Pero, normalmente, cuando vas al mercado vuelves a casa un poco perdido, exhausto, cansado, como si te faltara algo. Necesitas descansar; no podrás regresar de nuevo al mercado hasta después de una buena noche de descanso.

La música es una armonía —es la armonía entre el sonido y el silencio. El sonido pertenece a la Tierra, el silencio pertenece al más allá. La música es, como Pitágoras creía y la llamó, numinosa. El término «numinosa» procede de la raíz latina numen. Es una palabra enormemente significativa, muy preñada de significado. Numen significa un saludo de respeto desde arriba, un sí del más allá.

La música produce tal armonía que incluso el más allá te saluda, te da un sí. La música es numinosa... de repente el cielo empieza a tocarte; eres abrumado por el más allá.

Y cuando el más allá está cerca de ti, cuando escuchas los pasos del más allá, algo dentro de ti acepta el reto, se vuelve más silencioso, más tranquilo, más calmado, más sereno, más cabal.

En la escuela mística de Pitágoras, la música era una de las cosas más importantes —y yo quiero que aquí también lo sea. Tenemos que crear una gran música para hacer posibles los grandes estados de meditación. La música es meditación externa, la meditación es música interna. Van juntas, de la mano, se abrazan. Cuando la música te rodea, te llena, te inunda y la meditación empieza a crecer en ti, es una de las mayores experiencias —cuando la meditación y la música se encuentran, se encuentran el mundo y la divinidad, la materia y la conciencia. Eso es *Unio Mystica* —la unión mística.

En Oriente, a eso lo hemos llamado yoga. Yoga simplemente significa unión. La mejor definición de yoga, y la más corta, es la del gran visionario Vyasa. Él dice que el yoga es *samadhi*, que el yoga es *íntasis*. Normalmente, *samadhi* se traduce como éxtasis —no es correcto, porque éxtasis significa literalmente sobresalir. ¡*Samadhi* es entrar adentro! Debería ser traducido como *íntasis* no como éxtasis. El yoga es *íntasis* —entrar adentro, sin hacer nada, simplemente siendo. Ese estado es meditación.

Y cualquier elemento exterior que pueda servir de ayudar, tiene que tener algo de música, es un requisito fundamental. Por ejemplo, el sonido de una corriente de agua en el monte puede servir de ayuda, porque tiene su propia música. Las rugientes olas del océano pueden servir de ayuda, porque tienen su propia música. El canto de los pájaros por la mañana, el sonido de los insectos en la noche silenciosa o la lluvia cayendo sobre el tejado, pueden servir de ayuda —cualquier cosa que produzca música también puede producir meditación.

La escuela de Pitágoras era una escuela de música, de canto y danza, de gran celebración. Los aquí presentes están viviendo en una escuela de ese estilo.

La gente ha olvidado que la música te puede llevar hacia abajo o hacia arriba. La música moderna te lleva hacia abajo; está relacionada con el centro más bajo de tu ser, con el centro del sexo. Genera sexualidad en ti, es pornográfica. Ha perdido toda su altura. La música del jazz y los otros estilos pop son desagradables —en realidad, no es más que ruido, un ruido sofocante. Es como una especie de tóxico. Es tan ensordecedora que hace que te sientas perdido y te da la sensación de que algo está ocurriendo. Lo único que está ocurriendo es que te está llevando más y más hacia abajo, más y más hacia el animal en ti.

El efecto de la música antigua, de la música clásica, es completamente distinto: te lleva hacia arriba, te transporta más allá de la gravedad. Forma parte de la levitación; te hace flotar más y más alto. Su cualidad meditativa es mayor. Llega hasta tus centros más elevados. La verdadera música, digna de llamarse así, habrá de tener algo que ver con *sahasrar* —tu séptimo centro, pero en raras ocasiones, algún genio llega al nivel en el que se crea una música así. Pero incluso, aunque sólo llegue hasta tu centro del corazón, es más que suficiente. Cuando tu centro del corazón empieza a removerse y danzar, estás cerca de la meditación.

Del mismo modo que la música es el encuentro entre el silencio y el sonido, para Pitágoras, la filosofía es el encuentro entre el misticismo y la ciencia. Su concepto de la filosofía es el de una gran síntesis. Él es uno de los mayores sintetizadores que hayan existido jamás —siempre une los polos opuestos haciéndolos complementarios. Es un gran artista destruyendo la oposición. Siempre que encuentra oposición, busca algo que sirva de puente para superarla, y ese puente es importante.

La religión y la ciencia han estado en conflicto durante siglos por no haber escuchado a Pitágoras. Si lo hubieran hecho, esa división nunca habría ocurrido. Esa división, como sabemos, ha resultado ser una de las peores calamidades. La religión y la ciencia han se dedicado a luchar entre sí, como enemigas; durante siglos, la iglesia ha estado impidiendo que la ciencia se desarrolle y crezca. Llegó a castigar a personas de la talla de Galileo o Kepler.

La religión le tenía miedo a la ciencia. Lo cual es estúpido, porque lo único que la ciencia puede hacer es ayudar a la religión, lo único que la ciencia puede hacer es preparar los cimientos para la ciencia interior. Estar en contra de la ciencia fue comportamiento muy estúpido por parte de los papas y la gente de la iglesia de aquellos tiempos —no eran conscientes de lo que estaban haciendo.

La verdad no puede ser aplastada; no puede ser crucificada.

Poco a poco, la ciencia ha ido ganando terreno, se ha ido haciendo poderosa, lo cual ha sido bueno. Pero, al intentar destruir la religiosidad, empezó a comportarse de la misma forma estúpida que ella. Se convirtió en una revancha. Durante los últimos trescientos años, los pensadores científicos de la corriente principal se han estado dedicando, con todo su empeño, a intentar destruir a la religiosidad. Han declarado que alma no existe. Han declarado que en el hombre no hay un ser interior. Han reducido al hombre a una simple máquina.

El hombre ha perdido toda grandeza. El hombre ya no puede sentirse importante. Ese estúpido enfoque de la ciencia, ese enfoque revanchista de la ciencia ha provocado que todo haya dejado de tener sentido en el mundo. La gente simplemente se arrastra. No hay poesía —no hay posibilidad de poesía, porque, sin divinidad, el mundo no puede ser un cosmos. No es más que un fenómeno mecánico; no alberga ninguna conciencia. Sin divinidad, el mundo no puede ser cariñoso; no puede ser tu madre —tiene que ser neutral. A la naturaleza no le importara en absoluto que vivas o mueras.

La ciencia ha creado la idea de una naturaleza indiferente con el hombre. Eso es peligroso, porque el hombre es muy pequeño y la naturaleza es enorme. Y, si esta enorme existencia es absolutamente indiferente contigo, ¿cómo vas a sentirte importante, significativo? Te sentirás como un extraño, un forastero, algo casual.

La ciencia alcanzó tal prominencia que incluso los filósofos empezaron a de pensar de manera científica, que es una forma muy parcial. Incluso los filósofos perdieron la gran visión de la unidad, de la unicidad, de la existencia estando en casa.

El filósofo moderno no se puede comparar con Pitágoras, Heráclito, Buda, Sócrates, Lao Tzu o Zaratustra. El filósofo moderno es muy normal; es simplemente un profesor de filosofía. Su filosofía no es una delicia en su ser, no es una canción, no es una música. Él se limita a hacer análisis lingüísticos. El filósofo moderno es un fenómeno desagradable. La filosofía moderna no contiene filosofía de vida. Lo mejor que se puede decir de ella es que se trata de un constante esfuerzo en la agudización de la lógica —pero ¿para qué? Parece un esfuerzo inútil.

La filosofía moderna se ha convertido en una sombra de la ciencia. Ha perdido su gloria. Ya no es la ciencia de las ciencias; ya no es la reina.

Con Pitágoras, la filosofía estaba en la más alta cumbre de la comprensión, en el más elevado vuelo a la verdad. Sus alas han de ser: una, la ciencia, y la otra, la religión. Aquéllos fueron tiempos de grandes filósofos, en los que el mundo realmente fue testigo de grandes filósofos.

En China, Confucio, Lao Tzu, Chuang Tzu, Mencio, Lieh Tzu —todos ellos contemporáneos, o muy cercanos en el tiempo. En India, Gautama Buda, Mahavira, Prakuddha Katyayana, Sanjay Vilethiputta, Makkhali Gosal, Poorna Kashyapa y muchos más. En Grecia, Pitágoras, Heráclito, Sócrates, Platón, Aristóteles... Y la lista sigue. En Irán, el gran Zaratustra.

Hace veinticinco siglos, el mundo fue testigo de los más altos vuelos de la filosofía.

Ahora, en vez de filósofos, lo que se puede encontrar es un pobre sucedáneo: un profesor de filosofía.

En cierta ocasión:

El rey de los caníbales decidió abrir su país al turismo. Allí se dirigió un filósofo de fama mundial, que sentía un especial interés por lo primitivo, estaba extremadamente ansioso por añadir este pueblo atrasado a sus estudios.

A su llegada a Canibalandia, el filósofo solicitó un tour privado y una audiencia personal con el rey caníbal. Sus deseos no sólo fueron concedidos, sino que además el propio rey acompañó al célebre visitante a todos los lugares de interés, donde el filósofo no dejaba de tomar notas en su cuaderno amarillo. Hacia el final del día, el rey le sugirió visitar la estructura más especial y sagrada de su pueblo. Esto, anunció, era el supermercado caníbal. Allí, en un brillante edificio moderno, se exponía la más completa y variada selección de partes anatómicas humanas del mundo.

El filósofo, entusiasmado, aceptó la oferta, se dirigieron inmediatamente allí y entraron en el edificio. Allí, alumbrados con luces fluorescentes, había, filas y filas de vitrinas de metal cromado y cristal. Dentro, impecablemente envueltos en plástico transparente y con los precios a la vista, había cientos de productos: piernas, brazos, manos, orejas, etcétera. Mientras recorrían el mercado, el filósofo tomaba notas incesantemente.

Por fin, llegaron a lo que el rey caníbal decía ser su más premiado departamento de cerebros humanos. Según caminaban por la sala, el filósofo observó los siguientes letreros: «Cerebro de explorador —veinte céntimos el kilo», «Cerebro de misionero —cuarenta céntimos el kilo», «Cerebro de comerciante —dos dólares el kilo», «Cerebro de general —veinte dólares el kilo». El siguiente producto estaba expuesto en una vitrina aparte y su letrero era mucho más grande: «Cerebro de filósofo —¡cien dólares el kilo!».

El filósofo no cabía en sí de satisfacción. Sin poderse contener, se volvió al rey y, eufórico, le preguntó por qué, de todos los productos del supermercado, el cerebro de filósofo era el más caro.

«Verá, mi querido amigo —dijo el rey caníbal —¿Sabe usted cuantos filósofos tenemos que matar para conseguir un kilo de cerebro?».

La filosofía moderna, el filósofo moderno no vale nada. Ha perdido su altura: ya no se dirige hacia el más allá. No es ni ciencia ni religión. En la actualidad, es un asunto muy confuso.

Para Pitágoras, la ciencia es la búsqueda de la verdad en el mundo objetivo y la religión es la búsqueda de la verdad en el mundo subjetivo —y la filosofía es la búsqueda de la verdad. Así que la ciencia y la religión deberían ser sus dos manos, sus dos alas. No son opuestas, sino complementarias. Si volviéramos a recordar eso, el mundo sería mejor.

La iglesia, el templo, y el laboratorio no tienen por qué ser enemigos. Entre ellos debería haber una especie de amistad. De ser así, el hombre sería mucho más rico. Tal como es ahora, si elige la ciencia se hace rico en lo exterior, pero en lo interior se va haciendo más y más pobre. Si elige la religión, se hace rico en lo interior, pero en lo exterior se va haciendo más y más pobre. Y ambas escenas son desagradables.

Occidente ha elegido la ciencia; tiene todas las riquezas del mundo, pero el hombre occidental está completamente perdido, se siente insignificante, suicida. El hombre occidental, cuando mira al interior, sólo encuentra hueco, vacío. En Occidente, el mundo interior se ha vuelto muy pobre.

En Oriente ha ocurrido justo lo opuesto: la gente ha elegido la religión en vez de la ciencia. Su mundo interior es más tranquilo, más sereno, más rico, pero en el exterior se están muriendo de hambre —no tienen alimentos, ni medicinas, ni medios para llevar una vida mínimamente humana, viven casi como animales, o incluso peor.

Eso es consecuencia de no haber escuchado a Pitágoras. La historia de la humanidad habría sido completamente distinta si se hubiera escuchado, entendido, a Pitágoras. No es necesario que Oriente sea Oriente y Occidente sea Occidente. No hay por qué ser solamente materialista o solamente espiritualista. Si el cuerpo y el alma pueden existir juntos —existen juntos en ti, en todos—, ¿por qué no van a poder existir juntos el materialismo y el espiritualismo? ¡Deberían!

Un hombre tiene que ser materialista y espiritualista. Elegir es fatal. No tienes por qué elegir; puedes tener ambos mundos —deberías tener ambos mundos; es un derecho de nacimiento tuyo.

Yo enseño la siguiente síntesis: sé tan materialista como el que más y tan espiritualista como el que más. Y recuerda: ambos, espiritualistas y materialistas, estarán enfadados contigo, porque el espiritualista no podrá perdonarte por tu materialismo, y el materialista no podrá perdonarte por tu espiritualismo.

Por eso la gente está en contra de mí —¡todo tipo de gente! Los religiosos están en contra de mí porque no pueden aceptar mi enfoque materialista y los materialistas están en contra de mí porque no pueden aceptar mi enfoque espiritualista. Yo quiero recordarte que tienes que ser ambas cosas juntas. Esto traerá a la Tierra un nuevo hombre, una nueva humanidad —y eso, una nueva humanidad, un nuevo concepto, es completamente necesario, absolutamente necesario.

No tienes por qué elegir. La naturaleza te ha dado un cuerpo —lo cual significa que tienes que ser materialista. Y la existencia te ha dado un alma —lo cual significa que tienes que ser espiritual. Tienes que ser un encuentro entra ambas cosas: tienes que ser un yogui, una unión. Y si tu cuerpo y tu alma están equilibrados, si tu espiritualismo y tu materialismo están equilibrados, van al mismo ritmo, lograrás la mejor música que pueda existir. Esa música es meditación, esa música es *samadhi*.

Los sutras... La purificación continúa:

Escucha y, en tu corazón, graba mis palabras: mantén los ojos y los oídos cerrados al prejuicio; de los demás, el ejemplo teme; piensa por ti mismo.

Escucha, dice Pitágoras. Desde siempre los maestros han estado diciendo: «Escucha». Pero tú, como mucho, oyes —no escuchas. Y entre esas dos palabras hay una enorme diferencia.

Oír es algo muy superficial. Oyes porque tienes oídos, eso es todo. Cualquiera que tenga oídos puede oír. Es un fenómeno corriente. En el escuchar hay una cualidad diferente. Escuchar es oír atentamente. Oír es sólo algo físico; cuando, además, se involucra tu alma, se convierte en escuchar.

Y escuchar es entender. La verdad no necesita prueba. La verdad es evidente en sí misma. Lo único que necesita es la capacidad de escuchar.

El estudiante oye; el discípulo escucha. El curioso oye, porque su pregunta es intelectual, pero el buscador, cuya pregunta no es por simple curiosidad, cuya pregunta es, para él, una cuestión de vida o muerte; escucha. Lo ha apostado todo. ¿Cómo va a permitirse no escuchar?

Escuchar significa que tu cuerpo y tu alma están funcionando juntos en perfecta armonía. Todo tú te conviertes en todo oídos; todo tu cuerpo funciona como un oído —tus piernas, tus manos, cada célula de tu cuerpo y todo tu ser interno está atento. Se te está impartiendo algo inmensamente importante. Se está comunicando algo que no te gustaría perderte.

Sólo un buscador, un discípulo, sabe lo que significa escuchar. Escuchar es cuando oyes con mucho amor, intensidad, pasión, cuando oyes inflamado, con totalidad, en silencio.

Pitágoras dice: ¡escucha...!

Uno de los grandes contemporáneos de Pitágoras, Mahavira, dijo que hay dos maneras de entrar en el mundo de la verdad. Una es a través del escuchar correcto —sólo escuchando correctamente. A aquéllos que fracasen en el escuchar correcto, les quedará la práctica correcta. Te sorprenderás. La práctica correcta sólo es necesaria para aquéllos que han fracasado en el escuchar correcto. Para los demás, escuchar a un hombre que ha llegado, es suficiente. Escuchar a un buda es suficiente. Él es fuego y, escuchándolo, te encenderás. Algo saltará de la persona iluminada al discípulo; algo misterioso será comunicado —una transmisión más allá de las escrituras y de las palabras. Pero para eso, se necesita escuchar.

Yo estuve viajando por India durante muchos años, casi durante quince. Hablé para millones de personas, pero no me escuchaban, sólo me oían. Hice lo que pude para ayudarlas a escuchar, pero fue imposible. Tuve que dejar de viajar. Ahora me limito a esperar a aquellos que son capaces de escuchar.

Pueden ver este silencio, esta presencia suya, esta atención total, este estar conmigo... En este mismo momento empieza a ocurrir una transformación. Algo en ustedes será provocado. Estos momentos son preciosos, y cuanto mayor sea tu capacidad de escuchar más preciosos serán.

Si tu mente está vagando a cualquier otro lugar, entonces, físicamente estarás oyendo, pero no estarás escuchando. Si dentro de ti hay muchos pensamientos en movimiento, mucho tráfico, sólo estarás oyendo. Esos pensamientos no dejarán que llegue a ti lo que estoy diciendo, **tampoco** dejarán que llegue a ti lo que soy. Cuando la mente no tiene pensamientos, cuando el tráfico interior ha cesado, cuando el diálogo interior se ha interrumpido, en ese hueco, en ese silencio, en ese estado de amor y ser, ocurre el escuchar.

Y escuchar correctamente es entender. No es necesario ningún otro esfuerzo. No es necesario practicar la verdad porque la verdad ya es —si entiendes, está ahí; si abres los ojos, la has encontrado. La verdad no se ha perdido, lo que pasa es que tú te has dormido. Si escuchas, despertarás. La verdad está donde siempre ha estado.

Escucha y, en tu corazón, graba mis palabras...

Sólo cuando se escucha, las palabras pueden llegar al corazón. Cuando oyes, las palabras sólo llegan a la cabeza. El corazón es la parte más profunda en ti. El pasillo para que el maestro llegue a ti, toque tu corazón y grabe allí su mensaje, sólo será posible si estás en completo silencio.

Y eso es suficiente. Cuando la semilla de la verdad caiga en tu corazón, te convertirás en un jardín, florecerás. Después, sólo es cuestión de tiempo y paciencia. La semilla que caiga en el suelo del corazón crecerá. Cuando llegue su estación, germinará; desarrollará muchas ramas. Y, cada primavera, florecerá, estallará en miles de flores.

Por eso, Mahavira dice que con el escuchar correcto es suficiente. En el escuchar correcto, tu corazón está asequible al maestro. Y una vez que el maestro puede legar al corazón del discípulo, no se necesita nada más. Entonces la llama salta de un ser a otro. Entonces, la vela encendida puede compartir su llama con todas las velas que todavía no están encendidas. Es, literalmente, un salto de la llama de un ser a otro.

... mantén los ojos y los oídos cerrados al prejuicio ...

Todo aquello que te moleste, todo aquello que no te permita escuchar, será prejuicio. Si vienes aquí como hindú no me escucharás, me oirás, porque estarás constantemente juzgando, criticando, evaluando, comparando. Si vienes aquí como musulmán, como cristiano, como comunista, como católico, no escucharás. Oirás, pero estarás constantemente ocupado en tu tarea interna; no serás asequible. El prejuicio hace que uno se mantenga cerrado.

Y cuando se es prejuicioso, cuando ya se ha decidido algo a priori, se escucha de una forma muy selectiva. Sólo se escucha aquello que apoya tu prejuicio. Uno no puede escuchar aquello que vaya en contra de su prejuicio.

Pero así es cómo oye la gente, así es cómo ve la gente. Hasta el ver es prejuicioso. Sólo ves aquello que quieres ver, sólo oyes aquello que quieres oír. Y luego interpretas a través del filtro de tu prejuicio. Hasta que no te salgas del prejuicio, no llegarás a la luz. Tu prejuicio es tu prisión.

Y hay prejuicios para dar y tomar... sociales, políticos, religiosos, filosóficos, capas y capas de prejuicios. Estás recubierto de tantas capas que es casi imposible llegar a ti. Tendrás que deshacerte de todos esos prejuicios.

Pitágoras no está diciendo: «Tienes que creer todo lo que yo diga». No. Simplemente está diciendo: «¡Escucha!». No es cuestión de creer o no creer. Que es lo que yo te estoy diciendo. No se trata de una cuestión de creer o dejar de creer en todo lo que te diga. La verdad no necesita nada. Lo único que la verdad necesita es que se la escuche. En cuanto la hayas escuchado, se convertirá en tu verdad. No necesitarás creer en ella. Sólo tienes que creer en las cosas que no has conocido tú mismo, que no has conocido por ti mismo, cuando no forman parte de tu propia experiencia —entonces, tienes que creer.

La persona que está dispuesta a escuchar no necesitará creer o dejar de creer en nada. Su claridad discernirá inmediatamente. Cuando se escucha con los oídos y los ojos abiertos, con claridad y transparencia, la verdad es, inmediatamente, entendida como cierta, y la falsedad es, inmediatamente, entendida como falsa. No hace falta pensárselo; no hace falta ponderar si es correcto o erróneo.

En una mente transparente, lo correcto se conoce como correcto, y lo erróneo se conoce como erróneo. La mente transparente es el factor decisivo —inmediatamente, concluye. Y la conclusión tampoco es un proceso lógico.

Pero seguimos cargando con los prejuicios. Y los pequeños prejuicios pueden ser un impedimento. Es como cuando se te mete algo en un ojo, una pequeña partícula de polvo será suficiente para impedirte ver este maravilloso mundo. No podrás abrir los ojos. Aunque estés frente a los Himalayas, si se te mete una partícula de polvo en los ojos, los Himalayas desaparecerán. Por muy pequeña que sea la partícula de polvo, es suficiente para hacer que los Himalayas desaparezcan.

Y en tus ojos no sólo hay un poco de polvo, hay montañas enteras de prejuicios.

Lo primero para un discípulo es desnudarse por completo en cuanto a prejuicios se refiere. Deshazte de ellos. Te han dicho qué creer y qué no creer; no lo has experimentado tú mismo. Deshazte de todo, conviértete en un espejo limpio y escucha.

Escucha y, en tu corazón, graba mis palabras: mantén los ojos y los oídos cerrados al prejuicio; de los demás, el ejemplo teme; piensa por ti mismo.

Mira a los demás y verás: están llenos de conclusiones, de prejuicios, de escrituras, de filosofías, de dogmas y de credos —y, no obstante, ¿adónde han llegado? Míralos y teme, teme que si no te deshaces de tus prejuicios serás igual que ellos.

Sal fuera y mira a la gente —sus vidas carecen de alegría, sus vidas carecen de autenticidad, y todos son grandes creyentes. Unos van a la mezquita, otros al templo —todos ellos son gente religiosa. Algunos leen la Biblia, otros Das Kapital y otros el Gita —¡todos son creyentes! Algunos creen en Kaaba, otros en Kashi y otros en el Kremlin, pero todos son creyentes. ¿Qué ha ocurrido en sus vidas? El más allá todavía no les ha saludado. Sus vidas no son numinosas —la existencia todavía no les ha dado el sí. No saben nada de divinidad.

Si los miras a los ojos, sólo encontrarás tristeza —una exagerada frustración. Si observas sus vidas, verás que se arrastran; en sus pasos no hay danza. Si te fijas en sus temas de conversación, verás que en ellos no hay ninguna música. Si observas sus vidas, verás que en ellas no hay ninguna gracia. ¡Cuidado! ¿Quieres ser como esa masa que rodea el mundo? ¿Quieres formar parte del rebaño? ¿O te quieres volver numinoso? Eso es algo que tienes que decidir tú.

Pitágoras tiene toda la razón —observar a los demás te ayudará. Observa a tus padres —¿dónde han llegado? Y son ellos quienes te están guiando a ti, ciegos guiando a otros ciegos. Observa a tus líderes —¿adónde han llegado? ¡Locos guiando a otros locos! Observa a tus sacerdotes —¿qué experiencia tienen? Míralos a los ojos, frente a frente, verás que están tan asustados como tú, tan a oscuras como tú. En sus seres, no encontrarás ni un rayo de sol. Ve y observa a tus rabinos, a tus *pundits*, a tus sacerdotes.

Observa a la gente con un poco más de atención, e, inmediatamente, surgirá esta reflexión: «¿Es así como voy a ser? ¿Como esa gente? Eso es desperdiciar la vida». Y si algo se puede aprender de la masa de tu entorno —de tus padres, de tus amigos, de tus vecinos— es, sin lugar a dudas, que el camino a la verdad nunca pasa a través de los prejuicios, que el camino a la divinidad no puede ser nunca el de las escrituras y la creencia. El camino de la divinidad pasa por el silencio, la pureza de mente, la claridad de mente. Y, recuerda, la mente prejuiciosa es pura mente.

Cuando digo «pura» no se trata de nada moral; cuando digo «pura» simplemente se trata de algo científico. Cuando dices: «Esta agua es pura», ¿quieres decir que es moral? ¿Que esta agua es moral? Cuando dices: «Esta agua es pura», no estás utilizando la palabra «pura» con ningún sentido moralista. Simplemente estás diciendo que esta agua no contiene ningún elemento ajeno. Sólo agua, clara, sin polvo, sin suciedad. Agua natural; como debe ser.

Para mí, una mente pura es aquella que no tiene prejuicios —entonces hay claridad y la mente funciona como un espejo, un espejo puro.

La mente del moralista no puede ser pura porque tiene un prejuicio —lo que está bien y lo que está mal. Está intentando ser bueno y no ser malo. Está en contra del mal, pero no sabe lo que es el mal —porque no sabe lo que es el bien: sólo lo que le han dicho. Se limita a seguir lo que otros le han dicho: sólo es un eslabón en una larga cadena de esclavitud.

Para los jainistas, comer patatas es algo malo. ¿Patatas? ¿Pobres patatas? Son gente tan inocente —¿puede haber *gente* más inocente que las patatas? Sin embargo, es algo malo. Los jainistas no pueden comer nada que crezca por debajo de la tierra; para ellos es inmoral. Puede que nunca se te haya ocurrido, pero si hubieras nacido jainista, hubieras tenido ese prejuicio.

Observa tus prejuicios. Todos son parecidos —todo lo que no esté arraigado en tu propia experiencia no es más que una atadura.

> *...mantén los ojos y los oídos cerrados al prejuicio;*
> *de los demás, el ejemplo teme; piensa por ti mismo.*

Observa, mira... nunca creas en los demás. Sé consciente de lo que le está ocurriendo a la gente a tu alrededor, pero, siempre, «piensa por ti mismo».

Sócrates dice: «Conócete a ti mismo» —pero la única forma de conocerte a ti mismo es empezar a pensar por ti mismo. Todos tenemos derecho a pensar —es un derecho intrínseco, un derecho muy fundamental—, pero se lo hemos cedido a otros. ¡Otros piensan por ti! Tus padres deciden lo que está bien y lo que está mal, y tus profesores, y tus sacerdotes, y tus políticos —has cedido a otros tu derecho a pensar por ti, que es el derecho más fundamental. No hay nada más básico que eso.

Nunca cedas a nadie tu derecho a pensar, quienquiera que sea. El verdadero maestro nunca te quita ese derecho. En realidad, te ayuda a recuperarlo, a reclamarlo, a redescubrirlo. Te ayuda a convertirte en una luz para ti mismo.

Recuerda las últimas palabras de Buda a sus discípulos: «Sé una luz para ti mismo».

Pitágoras dice: «Piensa por ti mismo», que es lo mismo dicho con otras palabras. Observa, experimenta, mira lo que está ocurriendo, pero la última decisión ha de ser tuya, totalmente tuya.

Nunca digas: «Hago esto porque es lo que hacían mis padres», eso es estúpido. Hazlo si sientes que eso es lo correcto, si piensas que es lo correcto, habrás llegado a ello a través de tu propia meditación. Si es producto de la conclusión de todas tus propias experiencias, entonces, hazlo cueste lo que cueste; qué más da si tus padres lo hacían o no.

Nunca digas: «Lo hago porque es lo que siempre se ha hecho». Nunca digas: «Lo hago porque está escrito en los Vedas o en el Corán o en la Biblia». Todo ha cambiado, los tiempos han cambiado. Lo que era correcto en tiempo de los Vedas ya no lo es, no puede serlo.

Por ejemplo, Mahoma dijo a sus discípulos: «¡Procreen tantos niños como sea posible!». Esto era completamente correcto teniendo en cuenta a la gente a la que se dirigía Mahoma. Le estaba hablando a guerreros, y en aquellos tiempos, especialmente en los países árabes, era muy difícil sobrevivir, así que cada vez se necesitaba más gente —concretamente, varones para convertirlos en soldados. Había muchas mujeres; casi cuatro por cada hombre. Por eso Mahoma dijo: «Pueden tener cuatro esposas».

Era perfectamente moral y perfectamente correcto, porque, si Mahoma hubiera insistido en una sola esposa, tres de cada cuatro mujeres se habrían quedado sin marido, sin familia, sin hijos —y eso habría causado una gran prostitución, una gran inmoralidad. Así que, decir: «Pueden tener cuatro esposas», era completamente correcto. Él mismo desposó a nueve mujeres —sólo para dar ejemplo. El maestro, claro, tiene que dar ejemplo al discípulo. Y yo estoy completamente de acuerdo con él; hizo bien. Y lo que decía era lógico, racional, relevante. El mandamiento que estaba dando: desposa a cuatro mujeres, era un muy responsable.

Pero los musulmanes todavía se siguen casando con cuatro mujeres —lo cual ahora es un problema. Alegan: «¡Lo ha dicho el profeta!». Ahora el número de hombres y mujeres en el mundo es parejo, de hecho, en algunos países, hay menos mujeres que hombres. En el cómputo total están igualados, así que lo más racional parece ser una mujer y un hombre. Porque si un hombre se casa con cuatro mujeres, otros tres hombres se quedarán sin esposa y, claro, acabarán causando problemas. En realidad, crearán más problemas que tres mujeres solteras. La mujer es pasiva, paciente, condescendiente. ¿Has oído alguna vez que una mujer viole a un hombre? Eso no ocurre. Pero esos tres hombres sin esposa se convertirían en violadores; destruirían toda la sociedad; destruirían todo aquello que es hermoso, bueno e íntimo. La sociedad se volvería sexualmente pervertida, sería horrenda.

Mahoma tenía razón, pero la razón sólo puede ser relevante en una época determinada. También dijo: «¡Procreen tantos niños como sea posible!». Y los musulmanes todavía siguen haciéndolo. Ahora el mundo está superpoblado, Mahoma no tenía ni idea de lo que iba a ocurrir —nadie puede hablar del futuro. Ahora el mundo está superpoblado; no se necesita más gente. Lo que se necesita es que haya menos gente.

Si India tuviera la mitad de la población que tiene en la actualidad, sería su mayor bendición. Pero los musulmanes alegan que no pueden dejar de hacerlo porque lo dicen sus escrituras.

Ahora, por decir esto, algún musulmán cargará contra mí. Harán una manifestación en alguna parte para protestar diciendo que estoy hablando en contra del profeta. No estoy hablando en contra del profeta; simplemente estoy hablando en contra de *tu* estupidez. Simplemente estoy diciendo que han pasado mil cuatrocientos años desde Mahoma y que, desde entonces, mucha agua ha bajado por el Ganges.

Han pasado cinco mil años desde que Manu escribiera el código de moralidad hindú —cinco mil años. Todo ha cambiado, pero el hindú sigue bajo la influencia de Manu. Han pasado tres mil años desde que Moisés les diera los mandamientos, pero todavía los siguen.

La vida cambia a cada momento, y el hombre realmente consciente responderá a cada momento —¡a la situación! No llevará prejuicios a cuestas, no llevará ningún pasado en su cabeza. Será un espejo puro que refleje la situación en la que esté, y actuará de acuerdo con la situación —será responsable. Ése es el significado de la palabra «responsable». Para mí, una persona responsable es una persona moral. Pero las mal llamadas personas morales no son personas responsables.

La responsabilidad es más fundamental que la moralidad. Y cuando digo «responsabilidad» me refiero a la habilidad de responder al momento presente —no siguiendo fórmulas preestablecidas, sino de acuerdo a la situación. Responder al momento es liberador y, además, siempre es bueno, adecuado.

... piensa por ti mismo.

Ni Mahoma ni Krisna ni Cristo pueden pensar por ti. Tampoco yo puedo pensar por ti. Lo que puedo hacer es ayudarte a convertirte en un espejo para que puedas pensar por ti mismo.

Recuérdalo, ésa es la diferencia entre un verdadero maestro y un seudomaestro. El seudomaestro te enseña qué pensar; el verdadero maestro sólo te enseña cómo pensar. El seudomaestro te da fórmulas preestablecidas; el verdadero maestro simplemente te ayuda a convertirte en un espejo, para que, en cualquier situación, en cualquier momento, puedas responder adecuadamente, para que tus respuestas nunca sean inadecuadas.

El seudo maestro te da una filosofía, un credo, una creencia; el verdadero maestro te da sabiduría, conciencia, comprensión. Entonces cada acto tiene que salir de la comprensión.

Si la gente se volviera responsable, en realidad, el mundo podría convertirse en un paraíso. Pero es más fácil descargar la responsabilidad de pensar sobre los demás. A la gente no le gusta pensar. Quieren que alguien mastique por ellos la comida, y sólo tener que tragarla. No quieren masticarla ellos mismos, y si no la masticas tú mismo no te alimentarás. Si no la masticas tú mismo nunca te convertirás en un individuo íntegro. Nunca serás un verdadero individuo, sólo serás un número anónimo.

Y ser un individuo es la meta de la vida —sólo entonces eres aceptado por la existencia, estás preparado para ofrecerte a la existencia. Sólo entonces tienes algo que ofrecer. Antes de que eso ocurra, estás hueco, lleno de paja; no tienes nada que valga la pena.

Consulta, delibera y elige libremente.

Pitágoras dice: consulta —no dice que no escuches a los demás. Consulta —hay gente con más experiencia que tú. Consulta, delibera, pero no aceptes. Escucha el consejo, luego contémplalo, delibéralo, medítalo... y elige libremente. La elección final ha de ser tuya. Elige libremente porque, si no lo haces, nunca tendrás libertad.

La libertad es el efecto acumulado de todas las elecciones libres que has hecho en tu vida. Si nunca ha hecho una elección libre, ¿cómo vas a tener libertad? La libertad no es un artículo de consumo; la libertad es el efecto acumulado de todas las elecciones libres que has hecho en tu vida.

No eliges a tu mujer: tu padre la elige por ti. No tendrás libertad. No eliges tu templo: tu nacimiento ya lo ha decidido, irás a la iglesia —católica, protestante — o al templo, hindú, Jainista, budista. Tu nacimiento lo ha decidido. Tu matrimonio es decidido por tus padres, tu educación es decidida por tus padres. Todo es decidido por los demás, ¡¿y luego quieres libertad?! La libertad es algo que se acumula. En cada paso de tu vida que decides por ti mismo, poco a poco, vas acumulando libertad. La libertad se convierte en un poder en ti, y es el mejor regalo de la existencia. Pero tienes que ser digno de él.

No descargues tus responsabilidades sobre los demás. Es más fácil, porque así puedes decir: «¿Qué le voy a hacer?». Si te encuentras en una vida errónea, ¿qué le vas a hacer? La responsabilidad es de tus padres, o de los astrólogos, o de los quirománticos —tú no eres responsable. Has esquivado una responsabilidad pero, al hacerlo, también has esquivado algo muy valioso. Elegir a tu propia mujer, o a tu propio hombre, te hubiera integrado, cristalizado. Cada elección te cristaliza.

Deja que los insensatos actúen sin objetivo y sin causa;
tú debes, en el presente, contemplar el futuro.

Los tontos, al igual que los sabios, actúan sin objetivo. Por eso, algunas veces, el sabio parece tonto y, viceversa, el tonto parece sabio. El sabio y el tonto tienen una cosa en común: ambos actúan sin objetivo —pero lo hacen por razones muy diferentes.

El tonto actúa sin objetivo porque no tiene conciencia; actúa de manera mecánica, inconsciente. Mientras que el sabio actúa sin objetivo porque es plenamente consciente, es tan plenamente consciente que no necesita pensar en el objetivo. La propia conciencia es suficiente para llevarlo en la dirección correcta, hacia la meta correcta.

Pero tú estás a mitad de camino: no eres ni un tonto ni un sabio. Tanto los sabios como los tontos son escasos. Hay millones de personas a mitad de camino, en el limbo. Este sutra es para aquellos que están en el limbo, que son la mayoría; el noventa y nueve por ciento de las personas están en el limbo.

Deja que los insensatos actúen sin objetivo y sin causa;
tú debes, en el presente, contemplar el futuro.

Actúa conscientemente, deliberadamente, elige, piensa en las consecuencias. Hagas lo que hagas, piensa en las consecuencias. Pero recuerda: Pitágoras no está diciendo que te enfoques demasiado al futuro. Por eso, dice: «... en el presente, contemplar el futuro». Mantente en el presente, mantente enfocado en el presente. No te involucres demasiado en la fantasía del futuro. Lo que está diciendo es que todavía no puedes abandonar por completo el futuro, que sólo podrás abandonarlo cuando seas plenamente consciente. Así que, en este momento, lo que tienes que hacer es permanecer en el presente —eso te ayudará a ir volviéndote cada vez más consciente —y ten en cuenta las consecuencias— eso hará que cada vez vayas siendo menos estúpido. Y, poco a poco, una gran inteligencia se irá desarrollando por medio de estás dos cosas: estar en el presente y moverse siempre con un objetivo, con una meta, con una dirección.

Al final, dirección y meta, todo desaparece. Por eso san Francisco dice de sí mismo que es un «tonto de Dios»; Jesucristo también era conocido como un tonto, Ramakrishna es un tonto —pero en un sentido completamente distinto. Son tan inocentes que se vuelven infantiles. Actúan espontáneamente, sin meta, sin la más mínima preocupación por las consecuencias. Pero su conciencia es tal que no se pueden equivocar. Ellos ven, así que no tienen que pensar en la puerta, en dónde está la puerta. Pero tú estás ciego. Si no piensas en la puerta, puedes tropezar con algún mueble, con la pared; puedes hacerte daño, herirte.

No finjas conocer aquello que no conozcas.
Instrúyete: porque el tiempo y la paciencia favorecen a todo.

No finjas conocer aquello que no conozcas. Así es cómo actúa la mente del mediocre; se dedica a fingir. No puede aceptar que haya algo que no conozca, que no sabe. Se dedica a fingir. Se dedica a fingir que sabe —y, de esa forma, se va volviendo cada vez más tonto. Ese fingimiento no te ayudará a hacerte sabio. Ese fingimiento se convertirá en una barrera hacia la sabiduría.

Cuando P. D. Ouspensky visitó a su maestro, Gurdjieff, por primera vez, Gurdjieff lo miró a los ojos y, antes de decir una sola palabra, le pasó una hoja de papel en blanco, luego le dijo que fuera a la otra sala y escribiera, en una cara de la hoja, lo que creía saber y, en la otra, lo que creía no saber.

Ouspensky se quedó un tanto perplejo: «¿Qué clase de comienzo es este?». Ni siquiera le había preguntado su nombre, no había habido una presentación formal. Ni siquiera le preguntó: «¿Por qué has venido?». Simplemente le dio la hoja de papel y le dijo: «Ve a la otra sala y escribe, en una cara, lo que sepas y. en la otra, lo que no sepas».

Ouspensky fue a la otra sala. Era una fría noche, una fría noche rusa, pero él empezó a sudar. No se le ocurría ni una sola cosa que poner en la parte donde debía escribir lo que sabía. Por primera vez, se dio cuenta de que no sabía nada. Pensó en muchas cosas —Dios, la verdad, el amor, la vida, la muerte— y no se trataba de que no tuviera cultura. Por aquel entonces, ya era un autor muy famoso; ya había escrito su mejor libro: *Tertium Organum.*

Ya he dicho anteriormente que se trata del tercer libro mejor del mundo. El primero es *Organum*, de Aristóteles; el segundo, *Novum Organum*, de Bacon, y el tercero, *Tertium Organum*, de Ouspensky —el tercer canon de pensamiento. Para entonces, ya lo había escrito. Ya era mundialmente famoso. Gurdjieff no era, en absoluto, conocido; de hecho, Gurdjieff se hizo famoso por Ouspensky.

Un gran autor, un matemático, filósofo y pensador de fama mundial... podía haber escrito que sabía miles de cosas. Podía haber presentado a Gurdjieff su gran libro, *Tertium Organum*: «Éstas son todas las cosas que sé». Y, en ese libro, habla como un visionario *upanishádico*, como un profeta. Cuando lees el libro, te sorprende que un hombre, sin haberse iluminado todavía, pueda escribir esas cosas. Pero se puede hacer —sólo hace falta un poco de talento.

Pero esa noche no pudo escribir ni una sola palabra. Regresó con lágrimas en los ojos, se postró a los pies de Gurdjieff, le devolvió el papel en blanco, y le dijo: «No sé nada. Empieza a instruirme desde el principio. Empieza desde cero».

Éste es el principio del discipulado. Sólo una persona así puede ser un discípulo, porque ha abandonado todos los prejuicios, algo que, para un hombre tan famoso, debe haber sido muy duro.

No finjas conocer aquello que no conozcas.

Aprende. Si crees que ya sabes, ¿cómo vas a aprender?

Instrúyete: porque el tiempo y la paciencia favorecen a todo.

Y si aprendes, no te preocupes —el tiempo y la paciencia, a todo, favorecen. La existencia siempre cuida de ti. Si eres auténtico, si tu búsqueda es verdadera y no estás fingiendo, el tiempo te ayudará, cooperará contigo. El tiempo, por parte de la existencia, y la paciencia, por tu parte.

La palabra «paciente» es preciosa, pero ha adquirido un cariz muy feo, ha caído en malas manos. Ahora, el paciente es aquél que está enfermo. En realidad, en tiempos antiguos el enfermo era llamado «paciente» porque la enfermedad es señal de que no has aprendido a estar sano y completo. Por lo tanto, tienes que aprender. En el mundo antiguo, «paciente» simplemente significaba estudiante. El paciente tiene que aprender a estar sano y completo. Y como, para aprenderlo, necesitaba una gran paciencia, lo llamaban paciente. No tiene nada que ver con la enfermedad. Y todo el mundo se pone enfermo, es algo muy frecuente.

Aquí viene gente... algunos vienen con la intención de quedarse sólo cuatro semanas, pero luego les resulta difícil marchar, así que vienen y me preguntan: «Osho, ¿puedo escribir a mi oficina, a mi jefe, diciendo que estoy enfermo? Porque ésa es la única manera de extender mi estancia. Pero ¿no estaré mintiendo? ¿Tú qué opinas?».

Yo les contesto: «¡Escribe! Eso no puede ser mentira nunca. ¡Están todos enfermos! No necesitan ningún certificado. Es absolutamente cierto. Puedes escribir diciendo que estás enfermo una y otra vez, durante años, y será verdad». No estar enfermo significa que te has convertido en un buda. Hasta entonces, puedes seguir escribiendo. «Instrúyete: porque el tiempo y la paciencia favorecen a todo».

No descuides tu salud...

La salud, para Pitágoras, tiene dos aspectos. El físico y el espiritual. El cuerpo es tu templo —no lo descuides. Sus estúpidos ascetas se han dedicado a decirles que lo descuiden —no sólo que lo descuiden, sino que lo destruyan. Pitágoras no es un asceta, es un hombre de comprensión. Él dice que respetes a tu cuerpo, que no lo descuides. Si descuidas tu cuerpo no podrás alcanzar la armonía interior —porque un cuerpo armonioso ayuda a alcanzar la armonía interior. Cuida mucho tu salud, tu cuerpo —ámalo, respétalo, es un gran regalo. Es un milagro, un misterio.

... Dispensa, con moderación, comida al cuerpo y, a la mente, reposo.

El reposo es, para el alma, exactamente lo mismo que la comida para el cuerpo. La comida alimenta el cuerpo y el reposo alimenta el alma. El materialista se olvida del reposo; a eso se debe que, en el mundo moderno, haya tanta intranquilidad —la gente se ha olvidado del reposo, no saben relajarse, no saben cómo estar *des*-ocupados; no saben quedarse sentados en silencio sin hacer nada. ¡Lo han olvidado por completo! El materialista acaba olvidándose. Come demasiado, y se olvida de que lo único que va engordando es su cuerpo, su alma cada vez se va haciendo más delgada.

Algunas veces veo personas que sólo tienen cuerpo, sin alma. Sólo capas y capas de grasa, y nada detrás —vegetales, berzas. Por muy sofisticados, muy cultos, muy ilustrados, que sean, no cambia nada.

Se dice que entre una berza y una coliflor no hay mucha diferencia. La coliflor es una berza que ha ido a la escuela.

El reposo es más esencial, incluso, que la comida. Hacer algún pequeño ayuno, de vez en cuando, es bueno, pero el reposo no se debe olvidar nunca —porque, básicamente, el cuerpo no es más que un templo, la deidad está en su interior. El cuerpo debe ser amado porque es el templo donde habita la deidad. El cuerpo sólo es un medio; el fin está en el interior.

El reposo es alimento, la meditación es alimento para el alma. Reposo significa silencio, descanso, calma, tranquilidad, recogimiento, meditación. Es un estado de mente desocupada, vacía, silenciosa, sin pretender hacer nada, ir a ninguna parte, sin prisas —es, simplemente, estar aquí-ahora. Eso es el reposo. Y estar aquí-ahora es lo más nutritivo que pueda haber, porque, entonces, estás en profunda armonía con la existencia, entonces, la música desciende sobre ti.

El pasado ya no existe, ha muerto; el futuro todavía no existe, no ha nacido. Sólo existe el presente. Sólo el presente está vivo. Cuando estás aquí-ahora, la vida fluye en ti. Cuando estás aquí-ahora, estás en tono con la existencia. Y eso alimenta, ése es el verdadero alimento.

Respecto a eso, los Upanishads, dicen: *Annam Brama* —el alimento es Dios, Dios es alimento. En el caso del reposo es realmente alimento. Al igual que el cuerpo muere si no le das comida, también el alma muere si no tiene reposo.

El materialista sólo piensa en el cuerpo, el espiritualista sólo piensa en el reposo, y ambos se quedan cojos. El espiritualista tiene un alma bien nutrida y un cuerpo desnutrido; el templo está en ruinas. Y el materialista tiene un maravilloso templo, un templo de mármol, pero la deidad está muerta, o todavía no ha venido. Ambos adolecen de algo.

Necesitamos una música terrena y celestial, del cuerpo y el alma; necesitamos una armonía entre lo visible y lo invisible. La comida es visible, el reposo es invisible. Y necesitas ambas cosas, necesitas un equilibrio entre ambas cosas.

La persona que no conoce el reposo se atiborra de comida. Y, hasta que no aprenda a reposar, nada podrá ayudarla —ninguna dieta, ningún ejercicio, ninguna disciplina servirán de nada. Tarde o temprano volverá de nuevo a comer en exceso, porque su ser interior se sentirá muy vacío, y no conoce otra forma de llenarlo —sólo conoce una forma: atiborrarse de comida.

Cuando alguien con problemas por una obsesión excesiva con la comida viene a consultarme, mi única sugerencia es: vuélvete más meditativo. No te preocupes por la comida. Vuélvete más amoroso, más meditativo, y el problema desaparecerá. Cuando estás lleno de amor y meditación, no necesitas atiborrarte de comida. La comida no es más que un sustituto —echas de menos la comida interior e intentas sustituirla por la comida exterior.

El hombre de reposo siempre se mantiene muy, muy alerta, consciente de lo que come, de la cantidad que come. No puede comer ni más ni menos de lo necesario. Siempre se mantiene en el medio, siempre mantiene un equilibrio.

Tanto el exceso como la falta de atención, rechaza;
porque la envidia se apega, igualmente, a cualquier exceso.

Pitágoras siempre te está recordando el dorado medio —mantente en el medio —, al igual que Buda lo hace con el *majjhim nikai*, el camino del medio.

Tanto el exceso como la falta de atención, rechaza...

No esperes demasiada atención de los demás —eso es cosa del ego. No intentes hacerte muy famoso, muy conocido, muy popular, o cosas por el estilo —eso es cosa del ego. Pero eso tampoco quiere decir que te conviertas en una nulidad —que nadie pueda conocerte, que tengas que mantenerte anónimo —eso es lo mismo por el otro extremo. Evita ambos extremos.

Hay que huir de todos los extremos. Según Pitágoras, el exceso es malo —y lo es. Y estar en el medio, exactamente en el medio, es virtud. Nunca seas ascético, pero tampoco te vuelvas indulgente. No comas demasiado ni ayunes demasiado. No te obsesiones demasiado con ningún lujo, pero tampoco te vuelvas demasiado *anti*-lujo, *anti*-confort.

La lujuria y la avaricia tienen resultados similares.
Uno debe elegir, en todas las cosas, un medio justo y bueno.

No renuncies al mundo, pero tampoco seas demasiado mundano. Disfruta en el equilibrio —danza, porque el equilibrio es danza. Canta, porque el equilibrio es una canción. Vuélvete musical, porque el equilibrio crea música.

Y recuerda, hay que seguir el dorado medio en todas y cada una de las cosas. Y si puedes seguir el dorado medio, te convertirás en oro, tu metal base será transformado en el metal más elevado: oro.

El oro es un símbolo de la cima suprema —por eso Pitágoras les puso a estos sutras el nombre de *Versos dorados*. Se trata de una expresión alquímica. A través de los tiempos, los alquimistas han intentado encontrar la forma de transmutar los metales bases en oro. Pero, recuérdalo, en realidad, no tenía nada que ver con los metales base y el oro: su propósito era transformar al hombre, de ser un animal sexual a ser una conciencia extática, transformar al animal en hombre en algo divino. El oro representa ese estado. Sigue el dorado medio y te convertirás en oro. Sigue el camino del medio y todos los secretos te serán revelados. Ése también es mi mensaje: no abandones el mundo, pero tampoco formes parte de él.

Capítulo 4

La iluminación es tu derecho de nacimiento

No dejes que el sueño cierre tus cansados ojos sin haberte preguntado:
¿qué he hecho y qué no he hecho?

Abstente de lo malo; preserva lo bueno.

Medita sobre mis consejos; ámalos, síguelos: las divinas virtudes,
sabrán cómo guiarte.

Lo juro por aquél que, en nuestros corazones, grabó la sagrada tétrada,
símbolo inmenso y puro, fuente de naturaleza y modelo de los dioses.

Pero ante todo, tu alma a su fiel deber; invoca a los dioses con fervor,
porque sólo su ayuda, tu tarea empezada, puede terminar.

Instruido por ellos, nada te engañará; de diversos seres tocarás la esencia
y conocerás el principio y el fin de todo.

Si ésa es la voluntad del cielo, sabrás que la naturaleza,
la misma en todas las cosas, es igual en todas las partes.

De esta forma, cuando tus verdaderos derechos se iluminen,
tu corazón ya no se alimentará de vanos deseos.

Verás que los males que devoran a los hombres son el fruto de su elección...

La contribución de Pitágoras a la filosofía occidental es inmensa. Es incalculable. Él fue el primero que introdujo el vegetarianismo en Occidente. La idea del vegetarianismo tiene un enorme valor; está basada en una gran reverencia por la vida.

La mente moderna puede comprenderlo mucho mejor, porque ahora sabemos que todas las formas de vida están interrelacionadas, son interdependientes. El hombre no es una isla: el hombre forma parte de una infinita red de millones de formas de vida y existencia. Formamos parte de una cadena, no estamos separados. Destruir a otros animales no sólo es feo, antiestético e inhumano sino que, además, es anticientífico. Estamos destruyendo nuestros propios cimientos.

La vida existe como una unidad orgánica. El hombre sólo puede existir como parte de esta orquesta. Imagínate al hombre sin pájaros ni animales terrestres ni peces —la vida sería muy aburrida; perdería toda su complejidad, toda su variedad, su riqueza, su colorido. El bosque estaría completamente vacío, el cuco no cantaría, los pájaros no volarían, y el agua tendría un especto muy triste sin los peces.

La vida, en sus infinitas formas, existe como una unidad orgánica. Nosotros formamos parte de ella: la parte debería reverenciar al todo. Ésa es la idea del vegetarianismo, que no hay que destruir la vida, que la vida es divina —evita destruirla, de otra forma, estarás destruyendo la propia ecología.

Y hay algo muy científico que respalda esto. No es por casualidad que todas las religiones nacidas en India sean básicamente vegetarianas y que todas las religiones nacidas fuera de India, no lo sean. Pero precisamente, ha sido en India donde se han aparecido las más elevadas cimas de conciencia religiosa.

El vegetarianismo funciona como una purificación. Cuando comes animales, estás más bajo la ley de la necesidad. Eres pesado, gravitas más hacia la Tierra. Cuando eres vegetariano, eres más ligero, estás más bajo la ley de la gracia, bajo la ley del poder y empiezas a gravitar hacia el cielo.

Lo que comes no sólo es comida: eres tú. Tú te conviertes en lo que comes. Si comes algo que se basa fundamentalmente en el asesinato, en la violencia, no puedes elevarte por encima de la ley de la necesidad. Seguirás siendo, más o menos, un animal. Tu humanidad nace cuando empiezas a elevarte por encima de los animales, cuando empiezas a hacer algo contigo mismo que ningún animal puede hacer.

El vegetarianismo es un esfuerzo consciente, un esfuerzo deliberado, para salir de esa pesadez que te mantiene sujeto a la Tierra y, así, poder volar —para que el vuelo desde el solitario al solitario se haga posible.

Cuanto más ligera sea la comida, más se profundizará en la meditación. Cuanto más pesada sea la comida, más difícil se hará la meditación. No estoy diciendo que la meditación sea imposible para un no-vegetariano —no lo es. Pero sí que es, innecesariamente, más difícil.

Es como si un hombre fuera a escalar una montaña cargado de piedras. Es posible que, incluso cargando con las piedras, llegues a la cima de la montaña, pero es una dificultad innecesaria. Si te deshaces de esas piedras, si te quitas esa carga, la escalada será mucho más fácil, más placentera.

Una persona inteligente no se carga con piedras cuando va a la montaña, no se lleva nada innecesario. Y cuanto más alto esté, más se aligerará. Se deshará de cualquier carga que lleve.

Cuando Edmund Hillary y Tenzing alcanzaron la cima del Everest, tuvieron que ir abandonándolo todo por el camino —porque cuanto más subían, más difícil resultaba llevar alguna carga. Abandonaron incluso las cosas más esenciales. Con cargar contigo mismo ya es más que suficiente.

El vegetarianismo es una gran ayuda. Cambia tu química. Cuando comes y vives de los animales... Primero: cuando se mata a un animal, como es natural, el animal está furioso, tiene miedo. Cuando matas a un animal... piensa que eres tú a quien están matando. ¿Cuál sería el estado de tu conciencia? ¿Cuál sería tu psicología? Tu cuerpo segregaría toda clase de venenos, porque cuando estás furioso se empieza a liberar en la sangre un determinado tipo de veneno. Y no hay nada que te pueda causar tanto miedo, tanta furia, como que te estén matando. Todas las glándulas de tu cuerpo liberan todo su veneno. Y el hombre vive de esa carne envenenada. No es extraño que le mantenga furioso, violento, agresivo; es natural. Si vives de la matanza, no tienes ningún respeto por la vida; eres enemigo de la vida. Y aquel que es enemigo de la vida no puede entrar en la devoción —porque devoción significa reverencia por la vida. Aquel que es enemigo de las criaturas de Dios, no puede ser muy amigo de Dios. Si destruyes las pinturas de Picasso, no puedes sentir mucho respeto por Picasso —es imposible. Todas las criaturas pertenecen a la existencia, al todo. Lo divino vive en ellas, respira en ellas, al igual que tú, son manifestaciones de divinidad. Son hermanos y hermanas.

Si cuando ves a un animal no surge en ti la idea de la fraternidad, no sabes lo que es la oración, nunca sabrás lo que es la oración. Y la mera idea de destruir vida, sólo por alimento, por sabor, es horrible. Es imposible creer que el hombre lo siga haciendo.

Pitágoras fue el primero en introducir el vegetarianismo en Occidente. Aprender a vivir en amistad con la naturaleza, en amistad con las criaturas, es algo muy profundo en el hombre. Son los cimientos. Sólo sobre esos cimientos puedes basar tu oración, tu meditación. Puedes observarlo en ti mismo: cuando comas carne, la meditación te resultará mucho más difícil.

Buda nació en una familia no-vegetariana. Era un *kshatriya* —pertenecía a la casta de los guerreros—, pero la experiencia de la meditación, poco a poco, le transformó en vegetariano. Fue una comprensión interna: cuando comía carne, la meditación resultaba más difícil; cuando se abstenía de la carne, la meditación resultaba más fácil. Fue una simple observación.

Te sorprenderá saber que los más vegetarianos del mundo han sido los jainistas —sin embargo, sus veinticuatro maestros nacieron en familias de no-vegetarianos. Todos ellos eran guerreros; fueron educados como combatientes. Los veinticuatro maestros de los jainistas eran *kshatriyas*.

¿Qué ocurrió? ¿Por qué esas personas, que fueron educadas, condicionadas desde el principio, para comer carne, crearon un día el mayor movimiento del mundo en favor del vegetarianismo? Simplemente por sus experimentos con la meditación.

Si quieres meditar, si quieres dejar de tener pensamientos, si quieres volverte ligero —tan ligero que la Tierra no pueda ejercer atracción sobre ti, tan ligero que puedas levitar, tan ligero que puedas volar por el cielo—, pasar del condicionamiento del no-vegetarianismo a la libertad del vegetarianismo es un hecho inevitable.

El vegetarianismo no tiene nada que ver con la religión: es algo básicamente científico. No tiene nada que ver con la moralidad, pero sí con la estética. Es increíble que un hombre con sensibilidad, conciencia, comprensión, amor, pueda comer carne. Y si come carne, aún le falta algo, de algún modo, todavía es inconsciente de lo que está haciendo, de las implicaciones de sus actos.

Pero Pitágoras no fue escuchado, no le creyeron —al contrario, fue ridiculizado y perseguido. Y había traído uno de los mayores tesoros de Oriente a Occidente. Había traído un gran experimento —si hubiera sido escuchado, el mundo occidental habría sido totalmente distinto.

El problema al que nos enfrentamos en la actualidad, por haber destruido la naturaleza, jamás habría surgido. Si Pitágoras se hubiera convertido en los cimientos de la conciencia occidental, no habrían existido las grandes guerras mundiales. Él habría cambiado por completo el curso de la historia. Lo intentó con ahínco, hizo todo lo que pudo —no es culpa suya. Pero la gente está ciega, sorda; no escucha nada, no entiende nada. Y no está dispuesta a cambiar sus hábitos.

La gente vive en sus hábitos, vive mecánicamente. Y el mensaje que él traía era, precisamente, volverse consciente. En Occidente se habría liberado una gran energía meditativa. Habría sido imposible producir gente como Adolf Hitler, Mussolini o Stalin. El mundo habría sido completamente distinto. Pero todavía persisten los viejos hábitos.

A no ser que empecemos a cambiar el cuerpo humano, no podremos cambiar la conciencia humana. Cuando comes carne estás absorbiendo en ti al animal —y el animal tiene que ser transcendido. ¡Evítalo! Si realmente quieres elevarte cada vez más, si realmente quieres llegar a las soleadas cimas de tu conciencia, si realmente quieres conocer la verdad, tendrás que cambiar en todos los sentidos.

Tendrás que observar todo en tu vida, tendrás que observar cada pequeño hábito en detalle —porque, algunas veces, la cosa más insignificante puede cambiar toda tu vida. Algunas veces, la cosa más simple puede cambiar tanto tu vida que resulta difícil de creer.

Intenta el vegetarianismo, te sorprenderás: la meditación se vuelve mucho más fácil. El amor se vuelve más sutil, pierde su grosería —se vuelve más sensible y menos sensual, se vuelve más devoto y menos sexual. Y tu cuerpo también empieza a adquirir una onda diferente. Te vuelves más grácil, más suave, más femenino, menos agresivo, más receptivo.

El vegetarianismo es un cambio alquímico en ti. Crea el espacio en el que el metal bajo se puede transformar en oro.

La segunda cosa que Pitágoras introdujo a la conciencia occidental fue la idea de la reencarnación. Que, de algún modo, también está relacionada con el vegetarianismo. Puede que te vuelva a sorprender: todas las religiones vegetarianas creen en la reencarnación, y todas las religiones no-vegetarianas creen en una sola vida. Es imposible que sólo se trate de una coincidencia.

En India hay tres grandes religiones: el brahmanismo, el jainismo y el budismo. Difieren en infinidad de puntos —sus ideologías son muy diferentes, es imposible que, en ninguna otra parte, haya ideologías tan diferentes. Los hindúes creen en Dios, creen en el alma. Los jainistas no creen en Dios —una diferencia muy fundamental, una religión sin Dios. Los budistas ni siquiera creen en al alma— ni Dios, ni alma. En Occidente ni siquiera se puede concebir una religión sin Dios y sin alma. De tal envergadura son las diferencias.

Pero todas están de acuerdo en una cosa, y esa cosa es: la idea de la reencarnación, el renacimiento. Incluso Buda, que no cree en el alma, está de acuerdo. Parece completamente absurdo —si no hay alma, ¿cómo va a haber renacimiento? Buda no cree en un alma, pero sí cree en un continuo. Dice: cuando apagas una lámpara al amanecer, ¿acaso puedes decir que estás apagando la misma llama que encendiste la noche anterior? No es la misma —no obstante, de algún modo, están conectadas. La llama ha estado cambiando toda la noche, la llama ha estado desapareciendo toda la noche —a cada momento, una llama desparecía convirtiéndose en humo y otra nueva la remplazaba. Lo que pasa es que el movimiento es tan rápido, que no se pueden ver los espacios entre ellas. Ha habido un continuo —un cambio constante, pero, muy rápido, muy veloz— durante toda la noche, una llama ha estado remplazando a otra.

Así que cuando apagas la lámpara por la mañana, la llama no es la misma que has encendido —aunque parezca la misma. La primera y la última llama están conectadas —forman parte de una cadena, de un proceso—, pero no se puede decir que sólo haya habido una llama, un alma.

En la idea budista de la reencarnación, la continuidad se mantiene, pero los individuos desaparecen —no existen almas individuales. Pero, aun así, Buda cree en la reencarnación. Tanto los jainistas como los brahmines creen en la reencarnación.

Sin embargo, los judíos, los cristianos y los musulmanes no creen en ella. Ésas son las tres grandes religiones que nacieron fuera de India. ¿Cómo es que las tres religiones indias, aunque no estén de acuerdo en ninguna otra cuestión, se toparon con el hecho de la reencarnación? ¿Por qué coinciden en eso? No pudieron disentir. ¿De dónde les vino esta experiencia?

Y te sorprenderás —la respuesta es el vegetarianismo.

Cuando una persona es completamente vegetariana puede recordar fácilmente sus vidas pasadas. Su claridad es tal que puede ver sus vidas pasadas. Su energía no es pesada, no está bloqueada, se mueve con facilidad. Su río de conciencia puede internarse hasta en los tiempos más remotos; puede retroceder todo lo que quiera.

La conciencia de un no-vegetariano está bloqueada —de muchas maneras. Ha acumulado materia burda dentro de sí mismo. Esa materia burda actúa de barrera. Por eso, las tres religiones, que nacieron fuera de India, y que se han mantenido no-vegetarianas, no han podido llegar a la idea de la reencarnación. No han podido experimentarla.

Pitágoras vivió en India, llevó una vida de vegetariano, meditó profundamente, fue consciente de las vidas pasadas, pudo verse a sí mismo retrocediendo. Él llegó a entender el significado de las palabras de Buda cuando dice: «Una vez fui un elefante, una vez fui un pez, una vez fui un árbol».

Aquí, en Oriente, siempre ha estado presente la idea de la evolución —y de una forma mucho más sutil que la idea que Darwin introdujo a la ciencia occidental. La idea de Darwin es muy cruda, según él, los monos se han convertido en hombres —cosa que los darwinianos todavía no han podido demostrar, todavía siguen buscando el nexo entre el mono y el hombre. Y, además, nos podríamos preguntar: ¿por qué sólo se convirtieron en hombres algunos monos? ¿Por qué los otros monos no se transformaron? Los monos son básicamente imitadores —si algunos monos se hubieran convertido en hombres, todos los demás monos les habrían imitado. ¿Qué les pasó a los otros monos? Son muy buenos imitadores— ¿por qué sólo unos pocos se convirtieron en hombres?

¡Y todavía hay monos! Han pasado miles y miles de años, y los monos todavía son monos. Nunca se ha visto a un mono que, de repente, se empiece a convertir en un hombre... un buen día, se despierta siendo hombre. Nadie ha presenciado dicho milagro jamás.

La cuestión es: ¿dónde están los nexos entre el mono y el hombre? —y estamos hablando de una gran diferencia, no es una cuestión baladí.

Precisamente el otro día, en una carta, leí el siguiente comentario: «John Lilly ha declarado que el hombre no es el único ser con conciencia en la Tierra; que existen otros seres con más conciencia que el hombre». Y luego preguntaba: «¿Es eso cierto? ¿Es cierto lo que dice John Lilly?». Pero esos animales todavía no han descubierto al hombre —ha sido John Lilly quien ha descubierto a esos animales. El hombre es quien descubre. Y, sin lugar a dudas, el descubridor tiene más conciencia que lo descubierto. Y aunque un día descubramos algún animal con un cerebro grande, evolucionado, los descubridores seremos nosotros. No sería ese gran cerebro quien nos habría descubierto a nosotros.

Hay animales muy evolucionados, pero ninguno tanto como el hombre. ¡Hay una gran diferencia! John Lilly ha estado estudiando a los delfines, y ha llegado a la conclusión de que la conciencia los delfines está mucho más evolucionada. Si alguna vez te encontrarás con John Lilly, le podrías decir que no han sido los delfines quienes lo han descubierto a él —que ha sido él quien ha descubierto a los delfines. Y está claro que el descubridor tiene más conciencia. No son los delfines quienes están contando cosas de ellos mismos, es un hombre quien está hablando de los delfines. Ni siquiera pueden demostrar algo acerca de ellos mismos. Los delfines son *gente* maravillosa, y Lilly está en la pista correcta, pero no es cierto que su conciencia sea más elevada que la del hombre. Ellos no han producido un Buda, un Patanjali, un Pitágoras —¡ni tan siquiera un John Lilly!

El concepto occidental de la evolución, el concepto darwiniano de la evolución, es muy burdo. La idea oriental de la evolución es mucho más sutil. No se trata de que el cuerpo de un mono se transforme en el cuerpo de un hombre, de que el cuerpo de un pez se convierta en el cuerpo de un hombre —eso es algo que nunca ha ocurrido. Sino que el interior del pez va creciendo; según va pasando de un cuerpo a otro, va cambiando.

El crecimiento, la evolución, no ha ocurrido de cuerpo a cuerpo, el crecimiento ha ido ocurriendo en la conciencia. Cuando un mono alcanza cierta conciencia, la siguiente vez que nazca, lo hará como hombre, no como mono. Morirá como mono y nacerá como hombre. La evolución no ocurre en el propio cuerpo del mono. Ese cuerpo ha sido utilizado por el alma —o como lo quieras llamar, el continuo—, el alma ha utilizado el cuerpo del mono, ahora está preparada para tomar un cuerpo mejor, un cuerpo donde haya mayores posibilidades de crecimiento.

El alma va pasando de una forma animal a otra. Lo que evoluciona no son los cuerpos, sino las almas. No son las lámparas las que evolucionan, son las llamas las que van saltando de una lámpara a otra. La llama se va elevando cada vez más y más. La evolución es cosa de la conciencia, no del cuerpo material, psicológico. Ahí es donde Darwin se equivoca por completo.

Pero, en Oriente, lo hemos sabido desde hace por lo menos diez mil años. La conciencia vino a través de la meditación, y su base era el vegetarianismo —porque la gente empezó a recordar sus vidas pasadas. Para Buda y Mahavira, era una técnica básica: el primer requisito que, tanto Buda como Mahavira, exigían a un discípulo al ser iniciado, era que entrara en sus vidas pasadas. Se desarrollaron grandes métodos para entrar en las vidas pasadas. Ya que, una vez que empiezas a entrar en las vidas pasadas, la vida actual se transforma por completo. ¿Por qué? Porque cuando ves todas las estupideces que estás haciendo, o queriendo hacer en la actualidad, y que has estado haciendo durante tantísimas vidas... algunas de esas cosas las has hecho muchas veces, y nunca has conseguido nada.

Por ejemplo, si vas como loco tras el dinero, y recuerdas que es algo que ya habías hecho en una vida pasada, y lo conseguías, te convertías en un hombre rico, y luego, te morías... y todo ese dinero, todas esas riquezas no te servían de nada. La muerte se lo llevaba, y morías tan vacío como siempre, tan pobre como siempre. Y puede que tus recuerdos se remonten incluso más atrás: una vez, eras rey de un gran reino y, aun así, estabas frustrado y, aun así, vivías desgraciado y morías desgraciado. ¿Crees que podrás seguir teniendo el mismo anhelo por el dinero? ¡Será imposible! Ese anhelo simplemente se desplomará. Si puedes recordar que has estado repitiendo la misma estupidez una y otra vez, ¿cómo vas a seguir repitiéndola? Sólo puedes seguir repitiendo la misma estupidez, una y otra vez si no la recuerdas.

La noción de la reencarnación no es una idea filosófica, es una experiencia, es completamente científica. Hay personas que han recordado sus vidas pasadas. Pero esas técnicas requieren una alimentación estrictamente vegetariana, sin ella, no lograrás pasar de la vida actual. Tu mente no se podrá mover. Para poder pasar de una existencia a otra, la mente tiene que ser tan ligera como una pluma. Cuanto más ligera sea, más profundizará.

En las vidas pasadas, no sólo te recordarás siendo humano —poco a poco, también te irás recordando siendo animales. Cuando profundices al máximo, te recordarás siendo árboles, piedras. Has vivido durante milenios, en muchas formas. Y, si recuerdas que una vez fuiste un pez, te resultará difícil comer pescado.

El vegetarianismo te lleva a recordar tus vidas pasadas. Y al conocer tus vidas pasadas, cada vez te vas volviendo más vegetariano —porque al ver que en la existencia todos los seres somos hermanos y hermanas, no puedes matar animales. ¡Simplemente, se vuelve imposible! No hace falta que te impongas nada, simplemente, se vuelve imposible.

Pitágoras era un verdadero aventurero. Alejandro Magno también vino a India, también se llevó muchas cosas de India, pero cosas inútiles —diamantes, esmeraldas, oro. Pitágoras fue un verdadero buscador. Él cosechó los verdaderos diamantes, las verdaderas esmeraldas —los diamantes de la conciencia, las esmeraldas de la conciencia. Y estos dos enfoques, el del vegetarianismo y el de la idea de la reencarnación, eran tremendamente importantes.

En cierta ocasión, Pitágoras vio que alguien estaba pegando a un perro: «¡No le pegues!», le dijo al que estaba pegando al perro. «Es el ama de un amigo mío. Lo he reconocido por los lamentos». A una mente occidental, a una actitud científica occidental, esto puede parecerle completamente ridículo. Incluso en aquellos tiempos antiguos la gente debe haberse reído: «¡Qué tontería estás diciendo! —'No pegues al perro porque en él he reconocido a un amigo'». Lo que intentaba hacer era, simplemente, enseñar la idea de la reencarnación de todas las formas posibles.

Y lo tercero: una vez más, Pitágoras, también fue el primero que introdujo en Occidente el concepto de que la vida es una rueda —una rueda de nacimiento y muerte. La rueda va girando y nosotros vamos aferrándonos a la rueda. Y la rueda es repetitiva; girará una y otra vez sobre la misma vía. Nunca ocurrirá nada nuevo. Llegará el nacimiento, te convertirás en un joven, estarás inflamado de sexo y grandes deseos, y luego te habrás gastado y serás viejo, estarás enfermo, débil, frustrado, cansado. Y luego, la muerte... y, de nuevo, el nacimiento... y una y otra vez.

Cada nacimiento trae consigo una muerte, cada muerte trae consigo un nacimiento. Es un círculo vicioso, y la rueda sigue girando. En India la palabra que describe lo mundano es *samsara*. *Samsara* significa «la rueda». La infancia, la juventud y la vejez no son más que radios de la rueda, nosotros vamos aferrándonos a la rueda, y la rueda sigue girando —al igual que giran todas las demás cosas en el mundo. La Tierra gira alrededor del sol, y el sol también gira alrededor de algún otro sol desconocido. La luna gira alrededor de la Tierra, y la Tierra y la luna, ambas, giran alrededor del sol, y el sol gira alrededor de algún otro sol, y etcétera. Todas las estrellas se están moviendo... ¡Y todo se mueve en círculo! Las estaciones se mueven en círculo.

La vida es una rueda y la rueda es repetitiva. Si sigues aferrándote a la rueda nunca llegarás a ninguna parte. En Oriente, es un hecho conocido que tenemos que saltar de la rueda —sólo así seremos libres. Ser libre de esta rueda de nacimiento y muerte es tener libertad. Porque entonces, simplemente eres. Entonces, no estás girando. Entonces, no hay pasado ni futuro, sólo hay presente. Entonces, el único tiempo es ahora y el único espacio, aquí.

Ése es el estado de nirvana, *moksha* —libertad. Ése es el verdadero reino de Dios. Uno simplemente es... Todas las tempestades han pasado, todas las tormentas han cesado, sólo queda silencio absoluto. En ese silencio hay una canción, en ese silencio hay música —música inaudible, música no tocada. En ese silencio hay dicha, en ese silencio hay bendición. Y ese silencio es eterno, no cambia nunca.

Sólo si te aferras a la rueda, hay cambios. Si te sueltas de la rueda, todos los cambios desaparecen. Entonces estás aquí y siempre aquí.

Ese estado es lo que realmente buscan todos los verdaderos buscadores: ¿cómo salirse de esta rueda de nacimiento y muerte? ¿Cómo entrar en la vida eterna donde no existen el nacimiento y la muerte, donde nada empieza y nada acaba, donde todo simplemente es? ¿Cómo entrar en esto? ¿Cómo entrar en lo que es? Estos son los sutras por los que entrar en lo que es.

Tercera parte: **la perfección.**

No dejes que el sueño cierre tus cansados ojos sin haberte preguntado:
¿qué he hecho y qué no he hecho?

Puede parecer un simple sutra moralista. No lo es. Contiene algo tremendamente importante —contiene toda la idea de la psicología profunda. Pero en un lenguaje de hace veinticinco siglos. Las terapias modernas están diciendo ahora que cuando alguna experiencia se queda incompleta se convierte en una resaca. Para la psicología moderna, ésta es una visión nueva, pero para la psicología oriental no es nada nuevo.

Cuando vives alguna experiencia de una forma total, se acaba para ti —no se acumula en ti. Cuando sólo la vives a medias, la parte no vivida sigue anhelando ser vivida. Esta idea es la base de todo el psicoanálisis, el psicodrama, la terapia primal.

¿Qué es la psicoterapia? Básicamente, ayudarte a que puedas vivir de nuevo las experiencias no vividas, o vividas a medias, en el pasado. Crear un contexto en el que puedas vivir aquellos momentos que se han quedado incompletos. En cuanto se completan, en cuanto les puedes poner un punto final, se han acabados, quedas libre de ellos.

Recuerda, esta ley es fundamental: cuando una experiencia es completa, se acaba para ti. No deja karma. No deja rastro, no deja huella en ti —ni si quiera pisadas. No queda nada de ella. Simplemente desaparece, se evapora.

Si muere la mujer que has amado de una forma total, plena, te sorprenderás —ciertamente es un poco triste, pero no te vuelves loco ni nada por el estilo. No te golpeas el pecho llorando y gritando: «Me voy a matar. Ya no puedo vivir». Si has amado a una mujer totalmente, y muere, ciertamente hay cierta tristeza, pero es una tristeza hermosa —no es más que una despedida silenciosa. Pero no te suicidarás, ni lloraras desconsoladamente durante meses y años. Puede que derrames algunas lágrimas, pero esas lágrimas no serán de desdicha y sufrimiento —al contrario, serán de gratitud, de agradecimiento.

Estás agradecido con esa mujer —te ha dado mucho. Ha hecho de ti una persona adulta; ha derramado mucho amor sobre ti. Y tú no te sientes culpable, porque has dado todo lo que has podido.

Si no has amado a la mujer de una forma total, te sentirás culpable. Y esa culpabilidad te hará sufrir. Así que te irás al otro extremo: llorarás desconsoladamente, no comerás y te sentirás desgraciado durante meses, años, quizá durante toda tu vida —porque en el fondo, ahora lo estás repitiendo. La mujer se ha ido, y tú nunca la has amado. Y ahora ya no la volverás a ver. Ya no podrás pedirle perdón. No le podrás decir: «Perdóname. No te he amado como debía haberlo hecho». Ahora llevarás esa experiencia incompleta flotando sobre ti como una nube oscura.

En el psicodrama volverás a vivir esa experiencia de nuevo, recrearás la fantasía. Y una vez que puedas volver a recrear esa fantasía —aunque sea en tu imaginación— o puedas volver a representarla con alguna otra mujer que haga de ella, si eres capaz de volver a representar todo el acto, si eres capaz de ir a través de toda la dramatización, te sentirás liberado. Habrá un punto final. Estarás fuera de la jaula.

Es lo mismo que ocurre en la terapia primal. Tienes que volver a vivir el trauma del nacimiento. Y una vez que has vuelto a vivir el trauma, algo, un gran peso en el pecho desaparece.

Y es lo mismo que ocurre en el psicoanálisis. Tienes que decirle a psicoanalista todo lo que se agita en tu interior —con sentido o sin él, relevante o irrelevante, consistente o inconsistente— todas las cosas locas que gritan para llamar tu atención. Pero no tienes tiempo, y nadie tiene tiempo para oírte, para escucharte.

El psicoanálisis es algo simple; es más un truco que un tratamiento. El psicoanalista no hace nada; simplemente se sienta detrás del diván. Puede que ni siquiera te escuche —¿cómo puede alguien seguir escuchando todos los días toda clase de locuras? Uno también tiene que proteger su propia cordura. Puede que esté teniendo sus propias fantasías —porque dentro de él hay tanto sinsentido como dentro de ti. Él tiene que vivir su propio sinsentido.

Pero tú sientes que te está escuchando, así que puedes vaciar tu corazón. Y simplemente vaciando tu corazón, algo se libera —es una catarsis.

Pitágoras está utilizando un antiguo y simple aforismo. ¿Por qué esperar al psicoanalista, al psicodrama o la terapia primal? ¿Por qué no ir acabando las experiencias día a día?

Por la noche, justo antes de dormir, repasa. Acaba todo lo que has vivido en esas doce horas. Es más fácil —en vez de acumular durante años para después tener que ir a un terapeuta, ¿por qué no ser un terapeuta para ti mismo? Y es muy fácil hacerlo cada día. No es un gran problema, se trata de una acumulación pequeña —se puede acabar.

No dejes que el sueño cierre tus cansados ojos sin haberte preguntado:
¿qué he hecho y qué no he hecho?

«¿Qué he hecho y qué no he hecho?». Repásalo: deja que todo lo que has hecho hoy sea una profunda meditación. Poco a poco revívelo todo desde la mañana; empieza desde la mañana, desde el momento que abriste los ojos, recuerda esos momentos —y no sólo los recuerdes, vuelve a vivir el momento que abriste los ojos. Afuera, cantaban los pájaros, el sol ya había salido —escucha de nuevo a esos pájaros. Y los primeros rayos de sol entraban a través de la cortina, dándole un tono tan dorado... simplemente, vuelve a vivirlo. Tu mujer preparaba el té en la cocina, y los niños se estaban alistando para ir a la escuela —simplemente recuérdalo, vuélvelo a vivir.

Y luego repasa despacio, muy meditativamente, lo que has hecho y lo que no has hecho durante todo el día. ¿Qué ha quedado sin hacer? ¿Qué ha quedado incompleto? Al menos en tu imaginación, ¡complétalo! Si has hecho algo erróneo, al menos en tu imaginación, corrígelo. Si te has perdido o has omitido algo, al menos en tu imaginación, complétalo. Es sorprendente —nunca necesitarás ninguna terapia, porque estarás limpiando todo el polvo cada día. Las cosas se pondrán en su lugar.

Según Porfirio, en estos *Versos dorados* faltan dos líneas, que deberían preceder a este sutra. Yo también siento que falta una frase. Esa frase es:

En el momento del despertar...

Esa frase tiene que haber estado ahí —deben haberse perdido en alguna parte— porque contemplar por la noche lo que has hecho y lo que no has hecho es bueno, pero la otra parte también es importante. Es la otra cara de la misma moneda. Por la mañana temprano, cuando todo está fresco, y el sueño de la noche te ha rejuvenecido, cuando todavía no ha entrado la mente... ¿lo has observado? La mente necesita unos segundos para empezar a funcionar. En cuanto te des cuenta de que estás despierto, mira hacia adentro: todo está en silencio. Unos segundos después, dos o tres segundos después, la mente despierta y empieza a funcionar. Antes de que eso ocurra, en ese momento de silencio, en ese momento meditativo, es bueno tener una visión del día que vas a vivir.

En el momento del despertar... ¡Hay que hacerlo inmediatamente! Si pierdes un momento desaparece. En el preciso momento en que te despiertas eres un espejo. Simplemente deja que el espejo vea todo el día que hay por delante... *Considera con calma cuáles son tus tareas, y cuáles deberías llevar a cabo.*

Deja que una semilla caiga en tu corazón. Recuerda, no se trata de planear —no malinterpretes a Pitágoras. No se trata de planear, se trata simplemente de que caiga en tu corazón la semilla de que: «Ésta es mi visión para hoy». Y esa semilla afectará a todas tus actividades del día, a tu calidad.

Por la noche, recuerda de nuevo la visión, y recuerda las tareas que has llevado a cabo y las que no —vuelve a vivirlo. El círculo se completa. Y viviendo de esta forma cada día, nunca necesitarás terapia alguna.

Abstente de lo malo; preserva lo bueno.

Si meditando por la noche, repasando todo el día, encuentras algo malo, abstente de ello, no sigas repitiéndolo. Y si hay algo bueno, presérvalo. ¿Y qué es malo según Pitágoras, según yo y según todos los budas? Malo es aquello que requiere inconsciencia para ser hecho; aquello que no puede hacerse sin inconsciencia. Y bueno es aquello que requiere conciencia para ser hecho; aquello que no puede hacerse sin conciencia. Así que vuelve atrás, repasa lo que has hecho durante todo el día: en qué momentos has sido consciente y en qué momentos, inconsciente; en qué momentos has actuado como una máquina, como un robot, y en qué momentos has actuado como una conciencia. En los momentos que has actuado como una conciencia, estabas haciendo algo bueno.

Te sorprenderá saber que cuando actúas como conciencia, el bien ocurre por sí solo. Y cuando actúas como inconsciencia, algo va mal. La inconsciencia es mal; la conciencia es virtud.

Medita sobre mis consejos; ámalos, síguelos:
las divinas virtudes, sabrán cómo guiarte.

No está diciendo que creas —está diciendo que medites. Lo que está diciendo es: «Sé un espejo para lo que te digo». No está diciendo que se trate de mandamientos, sino, únicamente, de consejos. No está diciendo que tengas que hacerlo. No son órdenes —son simples consejos, la mano tendida de un amigo que sólo te desea bendiciones.

Medita sobre mis consejos... escucha en silencio, sin prejuicios. No tengas prisa por decidir lo que está bien y lo que está mal. Deja que entren profundamente en ti, atento, observando, deja que penetren en tu corazón. Eso es meditación. «Escucha meditativamente mis consejos, ámalos...». Si puedes meditar, el amor surge espontáneamente. Si no puedes meditar, entonces aparece espontáneamente la lógica. Esos son los dos resultados posibles. Todo depende de cómo se escucha.

Por ejemplo, ustedes me están escuchando. Los que están en afinidad conmigo, están escuchando de una forma completamente distinta —están meditando en completo silencio. Simplemente, están bebiendo lo que yo les digo. Ellos saben que soy su amigo; saben que lo que estoy diciendo no es un mandamiento, sino sólo un consejo, una sugerencia.

Si meditas en lo que estoy diciendo, surgirá amor en ti. Pero si discutes conmigo, no estarás meditando conmigo —estarás escuchando con todos tus prejuicios, con tu ideología, con tus escrituras, con todo tu pasado gritando en tu interior— si estás comparando, juzgando, criticando, discutiendo, entonces, surgirá lógica en ti.

La lógica sólo surge cuando escuchas con prejuicios, cuando, en realidad, no estás escuchando, sino discutiendo, cuando, en realidad, estás asustado, defendiéndote, luchando. Así que lo que surja en ti indicará si estás escuchando meditativamente o no. Deja que éste sea el criterio: si lo que surge es amor, significa que has estado escuchando correctamente; si lo que surge es lógica, significa que te has perdido —has estado atento a las palabras, pero no al silencio. Sólo has entendido intelectualmente, pero no ha movido tu corazón; no se lo has permitido.

Medita sobre mis consejos; ámalos...

La meditación es la base, luego, el amor viene por sí solo. Y si lo que viene es amor, síguelos. No se trata de imitar, no se trata de creer. Tu propio amor te capacitará para actuar en concordancia. Un mandamiento ha de ser seguido por obligación; te lo tienes que imponer. Un consejo no tiene que ser impuesto: lo oyes, lo amas; luego, empiezas a actuar, a funcionar, por ti mismo. El acto surge del amor de la misma manera que el amor surge de la meditación. La meditación es la raíz, el amor es el árbol, y seguir los consejos es el florecimiento.

... las divinas virtudes, sabrán cómo guiarte.

Y, entonces, no hará falta que te preocupes: las virtudes divinas surgirán en ti como un regalo de la existencia. Hay una virtud humana y una virtud divina. La virtud humana es aquélla que uno tiene que imponerse; la manufacturada por el hombre. La virtud divina es un regalo de lo desconocido, un regalo del más allá, un asentimiento, un sí del más allá.

Estando con un maestro, con meditar, amar, y seguir sus consejos es suficiente. Estas tres cosas te llevarán a la mismísima fuente de las virtudes divinas. Entonces, una persona se vuelve virtuosa, pero nunca justiciera. Entonces, una persona se vuelve sabia, pero nunca santa. Entonces, una persona no es ni musulmana ni hindú ni cristiana —es, simplemente, religiosa. Entonces, una persona se convierte en un vehículo, se convierte en un bambú hueco, y lo divino empieza a cantar a través de él.

Lo juro por aquél que, en nuestros corazones, grabó la sagrada tétrada,
símbolo inmenso y puro, fuente de naturaleza y modelo de los dioses.

Hay que entender qué es la sagrada tétrada. Representa el número cuatro. Hay tres dimensiones de lo divino como manifestación y una cuarta dimensión no manifiesta. Las tres primeras dimensiones son visibles, la cuarta es invisible. Estas cuatro dimensiones forman la sagrada tétrada. Si has leído el gran libro de P. D. Ouspensky, *El cuarto camino*, entenderás qué es la tétrada.

Gurdjieff solía decir que su camino era el cuarto camino. Hay cuatro dimensiones, así que hay cuatro posibilidades. La primera posibilidad es la **física**, el *hatha* yoga, el camino del faquir —hacer posturas de yoga en las que hay que mantenerse erguido sobre la cabeza en el suelo, contorsionar el cuerpo, distorsionarlo. Ése es el camino más burdo y materialista, el más bajo y grotesco. Y llega hasta un determinado punto. El segundo es el camino de la **mente**, el camino de todas las psicoterapias. Es mejor que el primero, pero todavía tiene algo de lo manifiesto, sigue siendo burdo —es más sutil que el primero, pero todavía sigue siendo burdo. El tercero es el camino del **alma** —el que siguen las religiones, las filosofías. A primera vista, puede parecer la posibilidad más elevada. Pero hay una más, el cuarto camino.

El tercer camino parece el más elevado en cuanto a manifestación se refiere, pero hay un cuarto —que contiene los otros tres y, a la vez, está más allá. Gurdjieff dice: «Mi camino es el cuarto camino».

Patanjali también dice que hay cuatro estados de conciencia: la vigilia, *jagrat*; el sueño, *swapna*; el dormir, *sushupi*, y el cuarto... al cuarto no le da nombre —simplemente lo llama *turiya*; *turiya* significa el cuarto. *Turiya* es exactamente lo que significa tétrada —el cuarto. Y el cuarto significa despertar absoluto, despertar puro.

Lo que conocemos como despertar no es gran cosa. Por la mañana despiertas, pero sólo despiertas de un sueño a otro sueño; despiertas del sueño privado al sueño colectivo, eso es todo. Sales de una prisión pequeña a otra más grande, eso es todo. Ese despertar no es gran cosa —porque se mantiene el mismo estado mental, persisten los mismos deseos, las mismas ilusiones.

Tu despertar no es un verdadero despertar; es un *seudodespertar*. El verdadero despertar sólo ocurre en el cuarto —donde todos los sueños han desaparecido, todo el mundo, que conocías en tu vigilia, desaparece, ya no es conocido, lo que has conocido en tus sueños ya no es conocido. Lo que has conocido incluso en tu sueño profundo, esa dicha del sueño profundo, ese silencio, esa energía rejuvenecedora del sueño profundo, incluso eso se ha ido. Entonces, has llegado a la misma fuente, pero esa fuente no es manifiesta, es invisible. Esa fuente invisible es divinidad.

Pitágoras dice:

Lo juro por aquél que, en nuestros corazones, grabó la sagrada tétrada,
símbolo inmenso y puro, fuente de naturaleza y modelo de los dioses.

Si llegas a conocer el cuarto, conocerás el propio modelo de los dioses, conocerás la propia fuente de la naturaleza, conocerás el tao, el *dhamma*, el logos. Conocerás el lugar de dónde todo viene y adónde todo va —la fuente y la meta, el alfa y el omega.

Pero ante todo, tu alma a su fiel deber; invoca a los dioses con fervor,
porque sólo su ayuda, tu tarea empezada, puede terminar.

Pitágoras dice: antes de entrar en el mundo de lo cuarto, de lo invisible, antes de iniciar ese peregrinaje interno de perfección, lo primero que hay que hacer es pedir la ayuda de los dioses. Es simplemente una manera de expresarte que pidas ayuda a la existencia, que pidas al *todo* que sea amistoso con tus esfuerzos. Es, esencialmente, oración.

Puede que hayas oído hablar de alguno de los muchos experimentos que se han hecho en el mundo en los que una determinada planta se riega con el agua que ha tocado una persona que estaba rezando, cuando sus manos están vibrando con la energía de la oración. A otra planta se le echa de la misma agua pero que no ha sido tocada —ambas plantas tienen la misma edad, pero la que recibe el agua tocada por las manos del orador crece más. En cuestión de semanas dobla en tamaño a la otra, que ha recibido exactamente la misma cantidad, sólo tiene una cosa menos: la vibración de la mano del orador. La planta que ha sido bendecida por las manos del orador también da frutos más grandes, flores más grandes, y antes que la otra. Sus flores tienen más fragancia que las de la otra, y sus frutos son más jugosos que los de la otra.

Es algo que se repite, y, actualmente, es una cosa casi científica; ya no puede ser negada. Por supuesto, nadie sabe cómo funciona. ¿Por qué es tan beneficioso? Por ejemplo, si vas a dar un masaje a alguien que tiene dolor de cabeza, es mejor que antes de darle el masaje medites y dejes que tus manos adquieran la vibración de la oración. Notarás un cambio enorme —tus manos tendrán un gran poder.

Si se lo pides, la existencia te puede ayudar —ella sólo ayuda si se lo pides. Si no se lo pides, se mantiene aparte, no interfiere. Pero si se lo pides, si te abres, la existencia empieza a volcarse en ti. Entonces, la parte tiene tanta energía como el todo. Todo depende de cuánto te abras —si te abres por completo, la parte es el *todo*, entonces, un hombre es tan mágico como el *todo*.

Ése es el secreto de la oración: pedir ayuda a la existencia. Estás entrando en un viaje realmente peligroso, arriesgado; hay muchos escollos. Y cuanto más te elevas, más peligroso se vuelve el camino, porque si caes... estarás perdido para siempre.

> *Pero ante todo, tu alma a su fiel deber; invoca a los dioses con fervor,*
> *porque sólo su ayuda, tu tarea empezada, puede terminar.*

Tú solo no puedes llegar a la meta, sólo con la ayuda del todo puedes llegar a la meta. Ése es el significado científico de la oración —invocar al *todo*, decirle al *todo*: «Voy a emprender un largo viaje —por favor, quédate conmigo». Poco a poco irás notando que te sigue una gran energía. También te irás dando cuenta de que no necesitas hacer mucho. Lo único que tienes que hacer es relajarte y absorber esa energía que te sigue.

> *Instruido por ellos, nada te engañará; de diversos seres tocarás la esencia y*
> *conocerás el principio y el fin de todo.*

Y si te pones a disposición del *todo*, empezarás a oír la serena vocecilla en tu interior —que son instrucciones del más allá. Aprende a participar del ser invisible que es la fuente y el final de todo. Eso es oración. Y empezarás a oír una serena vocecilla en tu interior.

Una vez que oyes y entiendes claramente esa voz, no necesitas depender del maestro exterior, has encontrado al maestro interior. Y puede que te sorprenda comprobar que los consejos del maestro exterior y las instrucciones de la voz interior son exactamente iguales. El maestro exterior sólo representa a tu voz interior. El maestro exterior no tiene nada propio que decir: él simplemente busca en de ti, encuentra tu propio corazón, y habla para tu corazón interno.

Por eso encontrarás tantas inconsistencias en las palabras de un maestro —porque, a un discípulo le dirá una cosa y a otro le dirá otra. Porque no está ahí para proporcionar formulas preparadas —está ahí para escuchar tu voz interior. Él sólo está para reflejarte, para poner tu maestro interior a tu disposición. Tú, todavía, no puedes conectar directamente con el maestro interior, por eso necesitas al maestro exterior. Pero no para interferir. Si interfiere, significa no es, en absoluto, un maestro. Simplemente te comunica, interpreta para ti, tu voz interior, porque tú todavía no eres capaz de dar ese salto. Una vez que empiezas a escuchar las instrucciones internas, ya nada puede engañarte. Entonces, toda la vida se refleja con tanta claridad que ya nada puede engañarte.

... de diversos seres tocarás la esencia...

Y quien sea que se presente ante ti, tocarás su esencia, sabrás quién es, por qué está ahí, cuáles son sus intenciones, cuáles son sus estrategias, qué juegos quiere jugar. Antes de que aparezca, sabrás... nada puede engañarte. Y conocerás el principio y el fin de todo.

Si ésa es la voluntad del cielo, sabrás que la naturaleza, l
a misma en todas las cosas, es igual en todas las partes.

Escucha atentamente:

Si ésa es la voluntad del cielo... Aquí, llegas al punto en el que hay que abandonar el ego por completo. En la preparación y en la purificación, el ego estaba presente. Pero ahora te estás moviendo en la dimensión de la perfección, el ego ha de ser abandonado por completo —ni siquiera se te tiene que pasar ni por la imaginación ninguna idea de esfuerzo.

Si ésa es la voluntad del cielo... Ahora todo está en manos de la existencia: «Venga a nosotros tu reino, hágase tu voluntad». Ahora tienes que relajarte totalmente en el todo. *Si ésa es la voluntad del cielo, sabrás que la naturaleza...* Sólo llegarás a conocer la verdad si ésa es la voluntad de la existencia, la voluntad del cielo. Tú relájate, espera profundamente relajado, sé paciente. Y cuando sea la voluntad del cielo... y acabará por ocurrir, la gracia acabará por ocurrir, sólo tienes que desaparecer tú. En relajación total, tú desapareces, te conviertes en un esperar vacío, en un bajel vacío, en un vientre materno. Y, cuando tu vacío interior es absoluto, inmediatamente, el todo desciende sobre ti, y todo el misterio te es revelado. Entonces, lo verás todo, «lo mismo en todas las cosas». El todo está en todas las cosas, «es igual en todas las partes».

Sólo existe Dios, nada más. Sólo existe el todo. Dios es sinónimo de existencia.

De esta forma, cuando tus verdaderos derechos se iluminen,
tu corazón ya no se alimentará de vanos deseos...

Sólo cuando la gracia haya llegado sabrás que has estado, innecesariamente, mendigando, deseando. Todos los tesoros son tuyos, todo el reino es tuyo, todo el universo te pertenece. Todas las dichas y todas las bendiciones son tuyas.

Pero eso sólo ocurrirá cuando estés completamente iluminado. Pero ¿qué es la iluminación? La iluminación es cuando en ti ha desaparecido el ego y ha aparecido el todo. El ego es oscuridad, la divinidad es luz.

¡E iluminarte es un derecho tuyo! Un derecho de nacimiento. Nunca te conformes con menos. Tienes que conseguirlo porque estás destinado a ello. ¡Tienes que convertirte en ello! Porque, en primer lugar, eres ello...

Verás que los males que devoran a los hombres son el fruto de su elección...

Y, entonces, verás dos cosas. Una, que el deseo carece de sentido porque todo te es dado sin que tengas que pedirlo. ¡Todo te es dado como un regalo! ¡No necesitan ser mendigos, todos ustedes son emperadores! El reino de Dios es tu propio reino. Ya ha sido dado —sólo que no tienes el coraje ni la conciencia suficientes para disfrutarlo.

Lo que quedará meridianamente claro es que desear era algo fútil. No era en absoluto necesario. Estabas deseando algo que ya se te había dado, que ya tenías. Y la segunda cosa que verás es que si la gente sufre, si es desgraciada, si está siendo devorada por el mal, es por su propia elección. Sufrir es una elección tuya. La gracia, la bendición, es un regalo: el sufrimiento es una elección. La bendición es nuestro estado natural —ser feliz, ser bendito es lo natural.

La desdicha, el sufrimiento, es obra nuestra, es creación nuestra. El sufrimiento lleva la firma del hombre, la bendición lleva la firma de Dios. El sufrimiento hay que trabajárselo —cuando por fin puedas ver, te sorprenderás: el sufrimiento requiere un gran trabajo, un gran esfuerzo, porque sufrir es hacer posible lo casi imposible. El sufrimiento no es tu naturaleza pero, aun así, tú lo creas. Requiere un arduo esfuerzo. Ir en contra de la naturaleza requiere mucho trabajo, no obstante, la gente sigue trabajando duro, día tras día, año tras año, vida tras vida, para crear más sufrimiento para sí misma.

Cuando sufres, recuerda que eres tú quien está creando el sufrimiento. No puede ser de otra forma.

Pero cuando te sientes bendito, no es algo que hagas tú: es un regalo del más allá. El sufrimiento es obra del hombre, la bendición es obra de Dios —la bendición es tu naturaleza, tu verdadera naturaleza, tus verdaderos cimientos como ser. Cuando uno se da cuenta de eso, ha llegado a casa.

Capítulo 5

Sólo Dios es

... Que esos desafortunados busquen lejos el bien, cuya fuente llevan dentro.

Porque pocos conocen la felicidad: juguetes de las pasiones; acá, allá sacudidos por olas adversas en un mar sin orillas, van ciegos a la deriva, incapaces de resistir o de rendirse a la tempestad.

¡Dios! Tú podrías salvarlos abriendo sus ojos. Pero no: es cosa de los humanos de una raza divina discernir el error y ver la verdad. La naturaleza les sirve...

... Tú que lo has desentrañado. Oh sabio y feliz hombre, descansa en su cielo. Pero observa mis leyes, absteniéndote de las cosas que tu alma tiene que temer, distinguiéndolas bien; dejando que la inteligencia reine sobre tu cuerpo. De tal forma que, ascendiendo en el radiante éter, entre los inmortales, tú mismo serás un dios.

Los últimos sutras de Pitágoras sobre la **perfección**... Lo primero que hay que recordar es que la perfección **no** es una meta. Ninguna persona orientada hacia una meta se ha iluminado jamás; no puede ocurrir. Estar orientado hacia una meta es el camino de la mente. La mente existe a través de las metas, la mente existe en el futuro, la mente existe en la ambición. La mente siempre está intentando lograr algo.

La persona iluminada vive en no-mente. No-mente es iluminación. Por eso, el iluminado no puede estar orientado hacia una meta; no tiene futuro, para él, todo es presente. Y por eso es continuamente malinterpretado. Él habla del presente pero la gente le oye a través de sus mentes, y las mentes inmediatamente distorsionan. Las mentes inmediatamente lo convierten en una meta, en alguna idea que tiene que ser lograda en el futuro.

La perfección no es una meta, sino una realidad. No tiene que ser lograda, solamente tiene que ser reconocida. Lo único que hay que hacer es reconocer algo que ya está presente. Tú eres perfecto —no es que tengas que volverte perfecto. Es algo que no implica ningún *deberías*, ya eres perfecto. Sólo tienes que reconocerlo, sólo tienes que darte cuenta de ello, que ser consciente de ello —de lo que eres. Perfección es lo que ya hay.

Pero la gente sigue creando metas. Dicen: «Tenemos que ser perfectos. Tenemos que iluminarnos. Tenemos que lograr el nirvana. Tenemos que entrar al paraíso». Construyen hermosas metas lejanas y así la mente puede continuar.

La mente necesita del futuro —cualquier clase de futuro. Llegar a ser rico, llegar a ser poderoso, llegar a ser hermoso, llegar a ser sabio, llegar a ser iluminado da igual. Si hay un *llegar a ser*, la mente persistirá. Y, la persistencia de la mente es la fuente de toda tu desdicha. Te mantiene tenso. Te mantiene en ansiedad, en angustia, en un miedo constante a no alcanzar la meta. Te mantiene codicioso —en un deseo constante de conseguir la meta. No importa qué meta sea, es igual —dinero o Dios, éxito o *samadhi*— eso no importa en absoluto.

Deja que esto penetre en tu corazón: dondequiera que haya meta, habrá mente; dondequiera que haya futuro, habrá mente. Mañana es otro nombre de la mente. Mañana no existe en ningún otro lugar excepto en la mente; dependen lo uno de lo otro. Si abandonas los mañanas, la mente simplemente se evapora; no puede existir.

La mente no tiene tiempo presente; no puede estar aquí-ahora, así que sigue dándote nuevas ideas. Si estás cansado del mundo, te dice que hay otro mundo. Si estás cansado de esta vida, te dice: «No te preocupes, hay otra vida, tú sigue adelante».

Stephen Crane escribió estas hermosas líneas:

He visto a un hombre persiguiendo el horizonte;
    Cada vez iban más deprisa.

Eso me molestó;
Abordé al hombre.
«Es inútil», le dije.
«Nunca podrás...»
«¡Mientes!», me gritó,
Y siguió corriendo.

Esta carrera, esta continua carrera tras el horizonte, que no existe en ninguna parte, que no es más que una ilusión... pero parece que está ahí. Tan cerca y tan seductor, tan tentador, tan magnético, y tan cerca, que parece que con un pequeño esfuerzo, tan sólo un pequeño esfuerzo más... Sólo está a unos kilómetros. Y se ve clara, meridianamente, ahí —¿cómo no vas a sentir la tentación? Parece estar al alcance, pero aunque sigas corriendo y corriendo... nunca llegarás. La distancia entre tú y el horizonte siempre será la misma, porque el horizonte no existe más que en tu mente. Es un espejismo, una ilusión. Todas las metas, ya sean mundanas o del otro mundo, son ilusorias. Estar aquí-ahora es la forma de estar en verdad, en realidad.

Por lo tanto, esto es lo primero que hay que recordar, de otra forma, malinterpretarás a Pitágoras, tu mente distorsionará a Pitágoras. Empezarás a pensar: «¿Cómo me puedo llegar a ser perfecto?». No es cuestión de llegar a ser —ya eres perfecto. La perfección es tu ser. Llegar a ser es correr tras una meta; ser es relajarte en tu naturaleza, relajarte aquí-ahora, descansando en el momento... y, de repente, aquello que no era posible se vuelve posible. No eras consciente de ello; de repente, despiertas a ello. La perfección es un despertar.

... Que esos desafortunados busquen lejos el bien, cuya fuente llevan dentro.

Pitágoras llama «desafortunados» a aquellos que viven en la mente, en el llegar a ser, en el mañana. Y cuando vives en el mañana, irremediablemente, también vives en el ayer. El ayer y el mañana van juntos, no están separados. Estás emparedado entre estas dos falsedades. El ayer ya no existe y el mañana todavía no existe. El ayer se ha ido para siempre y el mañana nunca llega. Entre ambos está el momento presente.

Jesús dice: Fíjate en las flores del campo —¡qué hermosas son! No piensan en el mañana; viven en el aquí-ahora. Ni siquiera Salomón, ataviado con toda su grandeza, era tan hermoso. Estar aquí-ahora es estar ataviado con la gloria divina. Estar aquí-ahora es alcanzar el esplendor de la existencia. Estar aquí y ahora es estar bendecido, es estar en el paraíso.

... Que esos desafortunados busquen lejos el bien, cuya fuente llevan dentro.

Pitágoras dice: los que buscan algo lejano son desafortunados, malditos. Y nadie los ha maldecido; han sido ellos los que se han maldecido a sí mismos. Nadie ha planeado su desafortunada vida; ellos son los únicos responsables. Todo es invención suya, obra suya.

Tu desdicha es invención tuya; tu bendición es tu naturaleza. La desdicha requiere mucho esfuerzo, tiene que ser planeada, tiene que ser lograda. Es ir en contra de la naturaleza, por eso es tan arduo. Es ir contra la corriente. Es un constante conflicto con la naturaleza.

La naturaleza no sabe de futuros, la naturaleza siempre está aquí. La naturaleza siempre es este momento, y nada más. Los árboles están creciendo en este momento y los ríos están fluyendo en este momento. Todo está ocurriendo en este momento, excepto tu mente. Incluso tu cuerpo está creciendo en este momento. Tu sangre está circulando en este momento, tu corazón está latiendo en este momento. Excepto tu mente, todo está aquí-ahora. La mente está lejos.

Y ésa es la causa raíz de tu desdicha. No estás sufriendo por los karmas pasados, no. No estás sufriendo porque ése es destino que te ha dado Dios, no. No estás sufriendo porque Adán y Eva hayan pecado, no. Eso sólo son artimañas para eludir la responsabilidad —para eso, cualquier cosa vale: Adán y Eva. Pobres Adán y Eva, han acabado siendo los chivos expiatorios. Con el paso del tiempo, todas las parábolas, todas las metáforas pierden vitalidad, si esta parábola se convierte en un cliché y pierde potencial, poder, se te ocurrirán nuevas ideas.

Por ejemplo, la teoría del karma —dirás que estás sufriendo porque en tus vidas pasadas has hecho muchas cosas malas. No le eches la culpa a tus vidas pasadas. Tú eras igual en tus vidas pasadas; también sufrías. La causa de tu sufrimiento es de aquí-ahora; no de tus vidas pasadas. Eso no es más que un pretexto, y un pretexto muy peligroso, porque entonces nunca cambiarás, seguirás igual. ¿Qué puedes hacer respecto a las vidas pasadas? Ya se han ido, así que no se puede hacer nada. Tienes que sufrir.

O el destino... Nadie te está haciendo daño alguno, la existencia no es mala; Dios no te ha predestinado a sufrir. Si fuera así, Dios sería un sádico patológico, mucho peor que cualquier diablo —¿predestinar a gente inocente a sufrir sin ninguna razón en absoluto? Entonces la existencia sería muy injusta, ignominiosa, no merecería la pena vivirla. La religión sería una burla. Dios no te ha predestinado a sufrir. Pero, poco a poco, esa idea, también fue perdiendo su fuerza sobre la mente de la gente. Fue repetida muchas veces. Así que la teoría del karma y la idea de la predestinación se abandonaron.

Ahora, hemos inventado nuevas ideas. Karl Marx está en contra de la religión pero, en lo básico, su idea no es muy distinta. Él dice que es una necesidad histórica. De nuevo, en otras palabras, la misma idea del destino. Tu sufrimiento está predestinado por la historia —estás sufriendo por un destino económico, por la lucha de clases. Y hasta que las clases no desaparezcan, el sufrimiento no podrá desaparecer. De nuevo, no es más que un pretexto —¿qué puedes hacer tú? Cuando llegue la utopía, cuando llegue el comunismo a la Tierra, el sufrimiento desaparecerá. El sufrimiento es causado por los ricos, por los capitalistas. Pero el propio capitalismo también está sufriendo. De hecho, los ricos sufren más que los pobres. ¿Por qué? —porque el rico tiene todo lo que uno pueda desear y se da cuenta de la futilidad de eso, la total futilidad de eso. Su sufrimiento es tremendo.

El pobre sufre porque tiene hambre. El rico sufre, no porque tenga hambre, sino porque sabe que aunque tengas una buena casa, buena comida, una buena esposa, una buena familia, una atmósfera cálida, interiormente estás hambriento —de un hambre espiritual. La vida no tiene sentido, carece de propósito, es accidental, vacía. Eso causa un gran sufrimiento. El pobre sufre fisiológicamente; el rico sufre psicológicamente.

¿Por qué sufren los ricos? Si el sufrimiento sólo fuera una cuestión de pobreza, los ricos no sufrirían. Pero también esto es una coartada, una racionalización, para poder continuar con las viejas formas y los viejos patrones. Eso también ha resultado ser una falacia; también se ha convertido en un cliché.

Luego, Sigmund Freud inventó otra cosa. Dijo: «El hombre sufre por las heridas que le causan sus instintos inconscientes, por las pasiones de su animalidad que todavía arrastra». Ahora bien, ¿qué puedes hacer acerca del inconsciente?

Sólo son diferentes nombres para la misma artimaña, la misma estrategia: «Yo no soy el responsable. Siempre ha alguna otra cosa... El inconsciente, la historia, la economía, Dios, el destino, el karma, cualquier cosa vale —X, Y, Z—, cualquier cosa vale. Pero una cosa es cierta, que yo no soy la causa de mi sufrimiento». Y ahí, en esa artimaña, radica toda tu desdicha.

Entiéndelo bien: la causa de tu sufrimiento eres tú, nadie más. Reconocerlo, es el primer paso para convertirse en una persona religiosa. No pases la responsabilidad a los demás, simplemente, reconoce el hecho de que «Tú eres la causa de tu sufrimiento». Eso, por supuesto, hará que te sientas un poco triste, te hará parecer un poco estúpido. Si tú eres la causa, entonces, ¿por qué sigues creándote sufrimiento? —porque sufrir no es agradable.

Al principio te sentirás un poco triste, estúpido, perplejo, confuso. Pero, al poco tiempo, sentirás una gran libertad. Si tú eres la causa de tu desdicha, significa que también puedes ser la causa de tu bendición, de tu felicidad, y eso te confiere una gran libertad. Cuando uno toma responsabilidad sobre sí mismo, se vuelve libre. Te liberas de tu karma pasado, del destino, de la historia, de la psicología. Te liberas de todas las excusas. En cuanto identificas la causa principal, las cosas empiezan a cambiar.

... Que esos desafortunados busquen lejos el bien, cuya fuente llevan dentro.

Buscamos bendición, buscamos felicidad, pero muy lejos, en tierras lejanas, en utopías, en fantasías, estamos soñando. Y la vida sigue sufriendo, y nosotros seguimos soñando con mejores tierras, con mejores sistemas de la sociedad, con mejores estados después de la muerte —el paraíso, *moksha*. ¡Todo eso son fantasías! Fantasías creadas por nosotros mismos para poder soportar nuestro sufrimiento y poder mantener la esperanza. Pero eso es un gran desacierto. Es esa esperanza lo que te mantiene en un estado de desesperanza. Es esa búsqueda lo que hace que sigas sin encontrar. Lao Tzu dice: «Busca y no hallarás». ¿Por qué? —«Busca, y no hallarás». Porque lo que buscas está dentro de ti. Es algo que sólo se puede hallar cuando todas las búsquedas han cesado.

Buscar significa que vas tras algo: alguna sombra, alguna ilusión, algún sueño, algún deseo. Y cuando estás ocupado con algún sueño, no puedes mirar en tu interior. Cuando vas tras lo buscado no puedes mirar en el buscador, no puedes volverte hacia adentro. Tus ojos están fijos en el horizonte. Te mantienes extrovertido —no puedes mirar en tu interior porque te has obsesionado con el exterior.

El exterior se convierte en toda tu vida desde el nacimiento hasta la muerte —ni siquiera por un momento, puedes descansar y relajarte para sentir quién es este buscador en ti.

Un maestro Zen les estaba hablando a sus discípulos, ese día, entre la audiencia, también había venido a escuchar un extraño que no conocía las formas del maestro. El maestro decía: «No necesitan ir a ninguna parte, no necesitan buscar, no necesitan, ni siquiera, preguntar».

El extraño que estaba entre la audiencia no lo podía entender, él siempre había entendido la religión como una búsqueda, como una investigación, como una búsqueda de la verdad, de Dios, como una indagación en la realidad. «Y este hombre estaba diciendo que no hay que investigar, que no hay que buscar, que no hay que indagar». Se puso en pie y dijo: «¿De qué estás hablando? ¿Qué clase de enseñanzas estás impartiendo a esta gente? ¿Cómo voy a encontrarme a mí mismo sin buscar?».

El maestro se bajó del estrado, fue hacia la audiencia, cogió al extraño por el cuello y lo sacudió enérgicamente. Eso hizo que el extraño se sintiera más perplejo aún. «¿Qué clase de hombre es éste?». Durante un momento, su pensamiento se paró, no esperaba un acto así por parte de un maestro —parecía un león feroz, peligroso. Su pensamiento se paró por un momento. En tales momentos, eso ocurre.

Y el maestro dijo: «¡Esto es eso! Sin buscar, sin investigar; ¡tú eres eso!».

¡Esto es eso! Y cuando tu mente pare, lo encontrarás. No se trata de buscar, de indagar. Se trata de relajarte en tu propio yo. Buscar implica ir hacia fuera —es imprescindible, buscar implica ir hacia fuera. Pero, el Señor de los Señores mora en el interior. Ustedes son dioses, sólo que inconscientes, se han quedado dormidos en su búsqueda. Tu búsqueda es tu dormir.

... Que esos desafortunados busquen lejos el bien, cuya fuente llevan dentro.

Una y otra vez, Jesús decía: «El reino de Dios está dentro de ti». Sin embargo, los cristianos siguen buscando a Dios en el exterior. Jesús repitió esa frase muchas veces, pero, al parecer, aún no la ha oído nadie. Si el reino de Dios está dentro de ti, entonces no necesitas ir a ninguna parte, cada paso que des hacia afuera, te estarás alejando del reino. No te estarás acercando al reino. Buscar significa alejarse. Lao Tzu está en lo cierto cuando dice: «Busca y no hallarás. No busques y hallarás inmediatamente».

Simplemente piensa en esos hermosos momentos en los que no estás haciendo nada. Sí, todo el mundo los ha tenido alguna vez. Vienen, a pesar de ti, vienen, como un regalo de la existencia. Puede que no los hayas reconocido. Un día, tomando el sol en la orilla del mar, sin hacer nada, simplemente estando... de repente la existencia cambia su calidad. ¡Sin ninguna razón en absoluto, hay dicha! Empiezas a sentirte bien interiormente. Sin ninguna causa, sin ninguna razón externa para ello, algo está ocurriendo en tu interior. Estás descansando al sol, al viento, y de repente, eres transportado a otro mundo, a otro reino, a otra dimensión de tu ser.

En el hombre se dan dos estados: el de *llegando a ser* y el de *siendo*. *Llegando a ser* es desdicha, siendo es bendición, siendo es regresar a casa. *Llegando a ser* es buscar, *siendo* es no buscar. *Llegando a ser* te hace desgraciado, desafortunado.

Aprende las formas del *siendo*. Algún día, mirando al atardecer, lo has sentido —por un momento, sólo por un momento, como un relámpago, como un flash que viene y se va. Al darle la mano a tu amado, a tu amigo, algunas veces, ese sabor, el sabor de la bendición, llegó a ti. Algunas veces, simplemente al ver una flor, algo se abrió dentro de ti; las flores provocan un florecimiento en ti. Y, algunas veces, mirando a las estrellas, algo empezó a brillar dentro de ti —esas estrellas empezaron a reflejarse en tu conciencia, te convertiste en una noche estrellada. Había una gran dicha, una inmensa celebración y había una canción nacida en tu corazón.

Eso viene y se va, porque tú no conoces el arte de permanecer en ese momento para siempre. Viene a pesar de ti. Pero tú lo puedes invitar, puedes invitarlo conscientemente. Y así, poco a poco, puedes ir aprendiendo el arte de estar en ese momento, o de entrar en ese momento siempre que quieras. Entonces, incluso en el mercado, puedes entrar en ese espacio siempre que quieras; cada vez que te relajas, está ahí. Entonces, incluso cuando estás en la tormenta del mundo, puedes entrar en lo más profundo de ti y ser rejuvenecido.

Tú eres el centro del ciclón, pero estás viviendo como si fueras el ciclón y te hubieras olvidado por completo del centro. Llegando a ser es el ciclón, siendo es el centro. Y todos vivimos en la circunferencia; por eso, somos desgraciados, tristes, serios, desdichados, apagados. Regresa a casa.

Porque pocos conocen la felicidad...

¿Por qué? ¡Es un derecho de nacimiento de todos! Ser feliz es un fenómeno natural. Fíjate en los árboles, fíjate en la naturaleza —todo es feliz. La felicidad es lo común. El hombre es el único que se ha separado, el hombre es el único que ha tomado una nueva ruta: la **mente**. El hombre es el único que ha desarrollado el soñar y que se ha ido alejando más y más de su ser.

La felicidad es un derecho de nacimiento de todo el mundo, pero sólo unos pocos llegan a saberlo. Algunas veces, un Buda, un Jesús, un

Mahoma, un Pitágoras, un Patanjali —pero muy de vez en cuando. ¡No debería ser así! Ésta es una situación muy patológica. Imagínate que tuvieras un jardín con millones de plantas y que, sólo de vez en cuando, una planta diera una flor, ¿qué clase de jardinero serías tú? ¿Y qué clase de jardín sería ése?

Si comprendiéramos un poco, si miráramos un poco al interior, el caso sería justamente lo opuesto: sólo de vez en cuando habría una persona que se ha perdido la felicidad —muy de vez en cuando. ¡El mundo debería estar lleno de budas! Sólo de vez en cuando debería haber un hombre que no haya conocido eso, que no haya vivido eso. Que de vez en cuando un hombre se lo haya perdido, es comprensible. Pero, que todo el mundo se lo esté perdiendo es completamente incomprensible. Y los que no se lo pierden son malinterpretados —y no sólo malinterpretados, también son destruidos. Los que ven son destruidos por los ciegos. Los que están sanos y completos son destruidos por los enfermos y los patológicos, porque los patológicos son mayoría. Por supuesto, democráticamente, son decisivos.

Antes de que Jesús fuera crucificado, Poncio Pilatos consultó con el pueblo... porque, según la tradición, en determinadas fechas conmemorativas, se podía indultar a una persona. El día en que iban a ser crucificadas cuatro personas, tres ladrones y Jesús, era una de esas fechas.

Poncio Pilatos albergaba la esperanza de que el pueblo solicitara que el indultado fuera Jesús, porque, al mirar a Jesús a los ojos, sólo había visto inocencia.

Cuando le preguntó a Jesús: «¿Cuál es la verdad?». Jesús no contestó; no dijo ni una sola palabra. Permaneció tranquilo, en silencio, como un lago de tranquilidad. Era pura serenidad. Ésa fue su respuesta. Y Poncio Pilatos lo entendió —la verdad no puede ser dicha, sólo mostrada—, sintió la presencia del hombre. Jesús era inocente, como un niño; era tremendamente hermoso, y Poncio Pilatos se sentía un poco culpable por tener que crucificar a este hermoso hombre. Pero la masa le pedía que lo ejecutara; la masa estaba sedienta de su sangre. Poncio Pilatos albergaba la esperanza de que, al final, podría persuadir a la gente para que indultaran a ese hombre. Preguntó, pero todos gritaron: «Indulta a cualquiera de los tres ladrones, pero a Jesús, no. ¡Él ha de ser crucificado!».

¡Qué había hecho él? ¿Qué mal había hecho?

Así que liberaron a un ladrón y Jesús fue ejecutado. ¿Cuál había sido el crimen de este hombre? Su crimen había sido ser bendito entre gente que no sabía lo que era la bendición. Su crimen había sido ser sincero entre gente que vivía en la mentira. Su crimen había sido ser inocente entre gente taimada. Su crimen había sido ver entre gente ciega. Y los ciegos se sintieron ofendidos, siempre se han sentido ofendidos.

¡Se sintieron ofendidos por Pitágoras, se sienten ofendidos por mí! Siempre se han sentido ofendidos. Y por la simple razón de que siempre que un hombre como Jesús o Pitágoras ha caminado entre la gente, su altura los ha hecho sentirse como pigmeos; su profundidad los ha hecho sentirse tan superficiales que no han podido perdonarlo. Han tenido que destruir a ese hombre. Han sentido que ese hombre los ofendía, les hería, porque los hacía preguntarse: «¿Por qué no puedo yo alcanzar esa bendición, si él puede? ¿Por qué no puedo yo vivir en el reino de Dios, si él puede?». Siempre han provocado una gran envidia.

Qué extraño. Cuando hay un hombre bendito, la gente debería aprender de él —pero lo que ocurre es justo lo contrario, se vuelven muy envidiosos, tanto, que la envidia provoca en ellos una gran sed criminal.

Porque pocos conocen la felicidad: juguetes de las pasiones, acá; acá sacudidos por olas adversas en un mar sin orillas, van ciegos a la deriva, incapaces de resistir o de rendirse a la tempestad.

Ésta es la situación del mal llamado, hombre *normal* —porque no es, para nada, normal. Buda es normal, Pitágoras es normal; ellos son normales, porque son naturales. Pero la palabra «normal», procede de la raíz «*norm*»; tiene otro significado más: la media. Normal en el lenguaje corriente significa «la media». En ese sentido, Buda es anormal; en ese sentido, no es normal, él no es la norma. En ese sentido, Pitágoras es anormal. Pero la gran mayoría de personas a las que se las llama normales no lo son en absoluto, porque no son naturales. Son la mayoría, es cierto, pero la verdad no entiende de votos; no depende de los votos.

Galileo se quedó solo cuando dijo que era la Tierra la que se movía alrededor del sol, y no al revés. En el mundo, durante milenios, se había creído que era el sol el que se movía alrededor de la Tierra. Ese viejo hábito todavía persiste en el lenguaje: todavía se dice: «El sol se pone, el sol sale». Y yo creo que eso se mantendrá. El sol nunca sale ni se pone, simplemente está ahí; somos nosotros los que giramos a su alrededor. Cuando Galileo lo dijo por primera vez, por supuesto, la Iglesia y el Estado se sintieron ofendidos. La Iglesia lo procesó y lo obligó a retractarse. «¿Cómo te atreves? Todo el mundo cree, y siempre ha creído, que el sol gira en torno a la Tierra. ¿Cómo es posible que toda esa gente esté equivocada y sólo tú estar en lo cierto? ¿Te has vuelto loco? ¿Qué clase de egoísta eres?».

Galileo debe haber sido un hombre tremendamente hermoso; en absoluto, patológico. Así que, contestó: «Está bien, entonces me retracto. Pero mi retracción no cambiará nada —la Tierra seguirá girando alrededor del sol. Mi retracción no cambiará nada. Yo puedo retractarme, puedo decir: 'Sí, el sol gira alrededor de la Tierra', pero permítanme recordarles que eso no cambiará nada. Las cosas seguirán tal como son».

Le preguntaron: «¿Cómo es posible que tanta gente esté equivocada?». Pero la verdad no se decide votando. No es una cuestión de cuántas personas crean en ello. Siempre ha sido una experiencia individual. Pitágoras lo sabe —lo ha experimentado. El saber depende de su experiencia, no de los votos. La verdad no puede decidirse democráticamente. La verdad se mantiene aristocrática, porque está basada, enraizada, en la experiencia individual; no le pertenece a la masa, al rebaño.

Porque pocos conocen la felicidad: juguetes de las pasiones... ¿Cuál es la situación de las personas corrientes en el mundo? *Acá, allá, sacudidos por olas adversas...*

Observa tu propia mente, en qué tipo de estado vives. Tú no tienes sólo una mente —eso es lo primero que hay que entender—, tienes muchas mentes. No tienes un sólo *yo*; tienes muchos pequeños. Por dentro, eres una multitud. En el exterior hay una multitud y en el interior hay otra multitud. ¡Estás realmente abarrotado! Eres *polipsíquico*; ¡en ti hay muchas mentes, y tú no te das cuenta! Un momento eres muy cariñoso y, al siguiente, estás lleno de odio. No tienes individualidad alguna, no tienes integridad alguna. Un momento, se puede confiar en ti y, al siguiente, ya no se puede confiar en ti en lo más mínimo —porque un momento, funciona en ti una mente, y al siguiente, otra mente ha tomado el mando. Eres como una rueda que gira: un momento, un radio está arriba, y al siguiente, está abajo, otro radio está arriba. Y es un continuo, la rueda sigue girando.

Antes de irte a dormir, decides: «Mañana, me levantaré a las cinco en punto». A las cinco de la mañana, dices: «Tonterías —¿a quién le importa?». Te das la vuelta, te arropas bien entre las mantas, y vuelves a dormir. Cuando te levantas, vuelves a arrepentirte. Te preguntas: «¿Qué ha ocurrido?». Y eso es lo que has estado haciendo durante toda tu vida, decidiendo y cancelando. De hecho, lo que ha ocurrido es que la mente que había decidido por la tarde no estaba presente a las cinco de la mañana. Fue otra mente la que dijo: «Tonterías. ¿A quién le importa?».

Y, luego, cuando estás desayunando y te sientes muy mal por haberte vuelto a mentir, a engañarte, a ti mismo... ¿qué? Has vuelto a fracasar;

te sientes indigno. Ni siquiera has podido hacer algo tan sencillo como levantarte a las cinco. Te sientes muy, muy mal por no tener, siquiera, un poco de voluntad. Te sientes impotente; así que, surge en ti un gran arrepentimiento. Pero esa es, de nuevo, otra mente —puede ser una tercera mente— y sigues así, dando vueltas y más vueltas.

Amas a una persona y a la vez la odias. Por la mañana eres el amante y por la tarde, el enemigo. Un momento estarías dispuesto a morir por la otra persona si fuera necesario, y al rato, puede que estés dispuesto a matarla. Tienes ambas posibilidades.

Tú no eres uno, no estás cristalizado, no estás centrado, no eres un individuo. Todavía no eres una mente, un yo. Y así es cómo vives: sacudido de acá para allá por olas adversas. Eres, simplemente, un «juguete de las pasiones». No sabes lo que estás haciendo ni por qué lo estás haciendo. Simplemente, haces las cosas como un robot, como si fueras un títere manejado por otra persona. Tú no eres el maestro de tu propio yo, eres un tronco a la deriva...

... en un mar sin orillas, van ciegos a la deriva,
incapaces de resistir o de rendirse a la tempestad.

Ni puedes resistir la tentación ni te puedes rendir a ella. Eres mitad y mitad, nunca eres total en nada. Si fueras total en algo, te convertirías en un individuo inmediatamente. La totalidad trae consigo individualidad. Peto tú eres parcial en todo. Sólo se implica una parte, sólo llegas hasta un determinado punto, luego te paras —sólo hasta ahí. Vives una vida tibia; no eres ni frío ni caliente.

La frialdad y la calidez tienen su propia belleza, pero tú no eres ninguna de las dos cosas: tú eres tibieza. Y vivir una vida tibia es vivir una vida pésima. No sabes lo que es la intensidad, lo que es la totalidad. En toda tu vida, no has conocido ni un momento en el que te hayas sumergido totalmente, en el que te hayas perdido por completo. Si hubieras conocido ese momento, habrías conocido la oración. Totalmente sumergido, embriagado, perdido, al cien por cien —habrías conocido la oración, tu vida habría cambiado. Te habrías convertido en un nuevo ser humano, habrías renacido.

O, si hubieras conocido la soledad total, el recuerdo —el pleno recuerdo, sólo conciencia y nada más que conciencia, al cien por cien, sin estar en absoluto perdido— entonces, habrías descubierto lo que es la meditación, y eso te habría cambiado.

Oración significa estar totalmente perdido, totalmente sumergido, totalmente rendido. Sin reservar nada, entregándote al cien por cien —a lo que sea— entonces, se convierte en oración. Si te entregas a la danza al cien por cien, se convierte en oración. Si, cuando haces el amor, te entregas al cien por cien, se convierte en oración. ¡En lo que sea! No importa en qué... La cualidad de la oración surge cuando te entregas al cien por cien; te olivadas por completo de ti mismo, eres un borracho. La oración es el camino del borracho, el camino del amante —de aquél que puede abandonarse a sí mismo, que puede dejar de ser, que está dispuesto a evaporarse. Es el camino de la confianza. Pero no bastará con el noventa y nueve por ciento, ni siquiera con el noventa y nueve punto noventa y nueve por ciento. Tiene que ser el cien por cien.

El otro polo es la meditación: cien por ciento recuerdo, atención, conciencia; donde sólo eres pura luz. El camino de estar alerta, consciente, atento, de ser el testigo. El camino del solitario.

En la oración hay dos implicados —el amante y el amado. Por eso, los sufíes llaman a Dios «el Amado». En el zen no existe en absoluto la idea de Dios. Buda dice que no hay Dios, que no hace falta. En el camino de la meditación, Dios no es necesario, porque la meditación no es una relación —la oración, sí. La oración es relacionarse. La meditación es libertad total, soledad, el vuelo del solitario al solitario. No existe ningún otro, así que no es una cuestión de sumergirse, sino de poner el cien por cien de atención —menos de eso, no será suficiente. Entonces serás transformado —la revolución siempre ocurre cuando estás al cien por ciento vivo, en el óptimo.

Pero tal y como la gente es normalmente, nunca están al cien por ciento en nada. Son una mezcolanza, siempre están mezclados, y esa mezcolanza les mantiene en una contradicción: una parte va hacia al sur y otra, al norte, así que, siempre están tensos, tirantes. Ni pueden resistir ni pueden rendirse —que son las dos formas de alcanzar la perfección. O resistir totalmente —que es el camino de la meditación— o rendirse totalmente —que es el camino del amor. Pero la gente se mantiene mitad y mitad, dividida. Y una casa dividida en contra de sí misma, tarde o temprano, acabará cayendo.

¡Dios! Tú podrías salvarlos abriendo sus ojos.

Esta frase es tremendamente significativa. Es significativa porque Pitágoras no se detiene ahí. El sufismo se detiene ahí, el camino del amor se detiene ahí. Pero Pitágoras sigue adelante. La menciona, pero él no es un hombre de oración —es un hombre de meditación. Es un buda, no un Bahauddin. Él es un Mahavira, no una Meera. Pero la menciona, dice: «¡Dios! Tú podrías salvarlos abriendo sus ojos». El hombre de oración se detendrá ahí. No tiene necesidad de ir más lejos. Si este tratado hubiera sido escrito por un hombre de oración, este hubiera sido el último sutra, no habría ninguna posibilidad de seguir adelante. La oración es el final, la oración es el punto final. «¡Dios! Tú podrías salvarlos abriendo sus ojos». Eso es oración. ¿Qué más se puede hacer? Uno puede rezar a Dios: «Abre nuestros ojos. Abre los ojos de toda esta gente que, aunque no están ciegos, se comportan como ciegos porque tienen los ojos cerrados». El camino del amor es una oración al todo: «Sólo tú puedes hacer algo. Nosotros somos pequeños, partes insignificantes; no podemos hacer nada». Pero entonces uno tiene que depender totalmente... y, entonces, ocurre. Entonces, uno no tiene que hacer ningún esfuerzo de ninguna clase, uno simplemente tiene que rendirse. Y en la propia rendición —el acontecimiento. En la propia rendición—, la trascendencia.

¡No se trata de que, cuando te rindes, la rendición sea la causa y la trascendencia venga como consecuencia, no! El acontecimiento es simultáneo, ocurre en el mismo instante en que te rindes. La rendición y la trascendencia ocurren juntas, simultáneamente, en el mismo instante. Entre ellas no hay ningún espacio.

Pero Pitágoras no es un hombre de oración. Él tiene que seguir. Dice:

> *Pero no: es cosa de los humanos de una raza divina*
> *discernir el error y ver la verdad.*

Parece como si estuviera desprevenido cuando pronunció esta frase: «¡Dios! Tú podrías salvarlos abriendo sus ojos...», como si estuviera desprevenido cuando lo dijo. Eso es ajeno a su espíritu. Puede que lo dijese para recordar que también ese camino existe. Pero no es el suyo, así que, inmediatamente, lo niega. Dice: «Pero no: es cosa de los humanos de una raza divina discernir el error y ver la verdad».

«No, no te lo pedimos, no podemos pedírtelo. Aunque te lo haya pedido, por favor, no lo hagas. Tenemos que hacerlo por nosotros mismos. Tenemos que hacer toda clase de esfuerzos para purificarnos. Tenemos que cavar pozos profundos en nuestros seres para descubrir la fuente de la vida. Por favor, no te metas. No lo hagas».

Buda nunca rezó. Mahavira nunca rezó. La oración no entraba en sus caminos. Ellos hicieron todo lo humanamente posibles, se esforzaron al máximo —al cien por ciento. Lo arriesgaron todo en el esfuerzo, y arriesgándose, se volvieron conscientes. Fueron depurados, purificados. Su inconciencia desapareció y se convirtieron en sólo conciencia. En esa conciencia está la trascendencia. Se recordaron a sí mismos.

El camino de Pitágoras es el mismo que el de Mahavira, Buda, Patanjali, Lao Tzu, Chuang Tzu. No es el otro camino, el de Krishna, Zaratustra, Jesús, Mahoma, Meera. Pero ambos caminos son válidos, y cada uno tiene que elegir su propio camino; cada uno tiene que decidir de qué estilo es el suyo. Cada uno tiene que buscar dentro de sí sus propias inclinaciones.

Hay personas para las que el amor es tan natural que la meditación les resultará muy difícil. Estarán yendo a contracorriente, en contra de su naturaleza. ¡No es necesario! Para los amantes es suficiente estar enamorados de la existencia, vivir en un estado de oración con la existencia, agradecido, en profundo gratitud, y dejarlo todo en manos de Dios —dejarse llevar y permitirle hacer. Y ocurre: si la parte lo permite, el *todo* inmediatamente toma el mando. Pero también ocurre de la otra forma: si la parte lo intenta con totalidad, también ocurre.

Pero recuerda, eso no significa que a los meditadores no les llegue la ayuda de la existencia, no. La ayuda llega, aunque no se pida. La ayuda llega siempre. Le llega al amante, pero llega a través del ruego. Por eso Jesús dice: «Pedid y se os dará. Llamad y las puertas se os abrirán». Llega a través del ruego: el amante invita, el amante llama, reza, solloza, llora. El amante es como un niño pequeño llorando por su madre.

También le llega al meditador, pero a él le llega sin pedirla.

Pero no: es cosa de los humanos de una raza divina
discernir el error y ver la verdad.

«No hace falta —dice Pitágoras— que te metas. Lo haremos nosotros mismos. Tú nos has dado suficiente energía para ello, nos has dado la dignidad de lograrlo. Nos has dado suficiente poder para descubrirnos. No está bien que pidamos tu ayuda —ya nos la has dado; sólo tenemos que descubrirla. Ya lo has arreglado de tal forma que, si hacemos un pequeño esfuerzo, sabremos. Así que no podemos pedir más. No estaría bien, no sería justo». Aunque:

La naturaleza les sirve...

Él dice: «Aunque no lo pidan, la naturaleza sirve a aquellos que se esfuerzan sin pedir ninguna ayuda. El todo ayuda a aquellos que se ayudan a sí mismos». No es una cuestión de pedir o no pedir. La existencia ayudó tanto a Buda como ayudó a Jesús, ni una pizca menos. Ayudo tanto a Mahavira como ayudó a Meera, ni una pizca menos. Meera lo pidió, Mahavira nunca lo pidió. El camino de Mahavira es el camino de la mente masculina, el de Meera es el de la mente femenina. Meera pide y es receptiva. Mahavira nunca pide; eso es contrario a su dignidad, es contrario a su tipo de mente. Él lo intentará por sí solo. Pero la ayuda llega igualmente. Llega a los que la piden y a aquellos que no la piden nunca. De hecho, trabajar al cien por ciento en ti mismo es una forma de pedir sin pedir. Cuando el todo ve que estás esforzándote duramente, arduamente, totalmente, te premia.

No importa cómo, ya sea a través del amor o la meditación... Pitágoras dice:

Oh sabio y feliz hombre, descansa en su cielo. Pero observa mis leyes, absteniéndote de las cosas que tu alma tiene que temer, distinguiéndolas bien; dejando que la inteligencia reine sobre tu cuerpo.

Dice: «Cualquiera que haya sido tu camino...». Los dos últimos sutras son para aquellos que están acercándose mucho... acercándose a ellos mismos. Este sutra:

...Tú que lo has desentrañado. Que lo has percibido, que lo has reconocido. Para ti se ha vuelto transparente. *Oh sabio y feliz hombre...* La sabiduría y la felicidad vienen juntas. El estúpido no puede ser feliz. Y recuerda, cuando digo «estúpido» no refiero exclusivamente al no-intelectual. El intelectual también está incluido. Tanto el intelectual como el no-intelectual eluden su inteligencia.

La inteligencia sólo ocurre o a través del amor o a través la meditación. Cuando la inteligencia ocurre a través del amor, se manifiesta en el corazón y, cuando ocurre a través de la meditación, se manifiesta en la cabeza —pero se trata de la misma inteligencia. Su localización es, ciertamente, distinta. Por eso los amantes, los afines a la oración, siempre dirán que lo divino se siente en el corazón. Y tienen razón, porque es allí donde ellos sienten la inteligencia cuando surge por primera vez. Una inteligencia amorosa, del color del amor, porque se ha alcanzado a través del amor.

Pero Patanjali dice que *sahasrar*, lo supremo, se abre en la cabeza, el loto de los mil pétalos se abre en la cabeza. Eso causa una gran confusión en la gente que piensa: «¿En qué quedamos? —¿Dónde ocurre, en el corazón o en la cabeza?». Según Patanjali, ocurre en la cabeza, en la parte superior de la cabeza. Según Bahauddin, Jalaluddin Rumi, Al Hillaj Mansoor, Meera, Cahitanya, San Francisco, Santa Teresa, ocurre en el corazón —ahí es donde se abre el loto. Eso puede resultar muy confuso para la gente, pero es algo que se puede aclarar. En ti hay dos posibilidades: o bien sigues el camino de la meditación, en cuyo caso, la primera llamarada de inteligencia ocurrirá en la cabeza. Luego se extenderá por todo el cuerpo, pero la primera llama ocurrirá en la cabeza. Luego te incendiará por completo. La primera experiencia es enormemente valiosa, por eso la recuerda uno. O bien sigues el camino del amor, en cuyo caso, la primera experiencia, la primera llama, ocurre en el corazón. ¡Se trata de la misma llama! Luego, se incendia todo el cuerpo.

Pero la primera experiencia es inmensamente bella, la primera vez que se prueba el néctar, siempre será recordada. Por eso, desde hace muchos siglos, se ha hablado de esos dos centros. Pero aquéllos que no practican ninguno de los dos caminos se sienten confusos porque no se lo pueden creer: «Tiene que ocurrir en una de las dos partes. ¿Cuál es el verdadero centro? ¿El corazón o la cabeza?». La cuestión no es cuál es el verdadero centro; la cuestión es qué camino has seguido tú. Si has seguido el camino de la meditación, tu inteligencia llameará en tu cabeza. Si has seguido el camino del amor, lo hará en el corazón. Y luego, se extenderá por todas partes, te convertirás en ello.

Pero cualquiera que haya sido tu camino... *Tú que lo has desentrañado, oh sabio y feliz hombre, descansa en su cielo.* Ya te has vuelto sabio, ya te has vuelto feliz, ha llegado el momento de descansar. Pero todavía no has llegado a lo supremo, porque tú todavía estás ahí. Feliz y sabio —pero todavía estás ahí. Todavía queda algo, lo último, la última parte, lo más sutil, del sutil ego. Ahora eres feliz. Ahora puedes decir: «Yo soy feliz, yo soy sabio», pero todavía queda el «yo», muy delgado, muy transparente, como el cristal más fino. Nadie puede verlo, pero todavía está ahí. Pero, incluso el cristal transparente, el cristal más transparente, es una barrera. Se puede ver a través de él, se puede ver el jardín, se pueden ver las flores y los pájaros, se pueden ver el sol y las nubes, todo, como si no hubiera ninguna barrera. Pero si intentas alcanzarlos, de repente, te darás cuenta de que todavía hay una barrera — todavía estás separado. Antes eras necio y estabas separado. Ahora eres sabio pero todavía sigues estando separado, porque todavía existe el "yo". Antes eras desdichado, ahora eres feliz, pero el "yo" sigue existiendo. Por eso, Pitágoras dice:

Pero observa mis leyes... No abandones las leyes todavía. Todavía no has trascendido el ego por completo.

> *... absteniéndote de las cosas que tu alma tiene que temer, distinguiéndolas bien; dejando que la inteligencia reine sobre tu cuerpo.*

Todavía has de recordar, todavía has de mantente alerta, todavía has de seguir ayudando a la inteligencia, porque el último paso aún está por darse. Has de estar alerta, atento, porque todavía puedes perder el hilo, todavía puedes caer —¡porque eres! Así que puedes caer. Sólo estarás a salvo de la caída cuando no seas. Y llegamos al último sutra:

> *De tal forma que, ascendiendo en el radiante éter, entre los inmortales, tú mismo serás un dios.*

Eres sabio, eres feliz estás a un paso de poder convertirte en un dios, a un paso de desaparecer y que en ti sólo quede divinidad.

De tal forma que, ascendiendo en el radiante éter... Este último fragmento del ego te mantendrá atado a la Tierra. Ya no es una cadena de hierro, ahora es una cadena de oro —pero las cadenas son cadenas. Antes estabas atado a la Tierra por tu necedad, tu mediocridad, tu estupidez; antes estabas atado a la Tierra por horribles cadenas de desdicha, de dolor. Ahora estás atado a la Tierra por hermosas cadenas de felicidad —cadenas de oro, con diamantes engarzados. Ya no parecen cadenas sino ornamentos, por eso tienes que tener más cuidado, porque puedes apegarte demasiado a tu sabiduría, a tu felicidad. Y eso puede llevarte a un desenlace incluso más fatal: cuanto más te elevas, más peligrosa es la caída ¡recuérdalo! Cuanto más te acercas a la cima, un solo paso en falso y caerás de vuelta al valle.

¿Conoces el juego de las serpientes y las escaleras? De hecho, es un juego que fue inventado por místicos cristianos. Es simbólico, es una metáfora: te elevas por escaleras y entonces te atrapa una serpiente y caes. En la única casilla que no hay serpiente es en la última —en la penúltima todavía hay serpiente. Hasta que no llegas al final puedes caer en cualquier momento. Desde el noventa y nueve puedes caer al cero.

Cuanto más te elevas, más cauteloso tienes que ser, porque los placeres elevados, como es natural, te enganchan más. No contienen veneno; están tan purificados que ni siquiera sospecharás que puedan contener algún veneno —son tan deliciosos, tan nutritivos. Es muy fácil apegarse y quedarse atascado en alguna etapa del crecimiento. Eso es lo que ocurre.

La gente puede renunciar al dinero fácilmente, el dinero es muy burdo. Pero si alcanzas algún poder psíquico —como, por ejemplo, leer el pensamiento de los demás— es muy difícil renunciar de él. Ese tipo de cosas harán que tu ego se sienta muy satisfecho, muy contento: eres tan extraordinario que puedes leer los pensamientos.

En cierta ocasión:

Un discípulo de cierto maestro fue a ver a otro maestro zen. El discípulo le dijo al maestro zen: «Mi maestro puede hacer milagros. ¿Tú puedes hacer milagros? Mi maestro puede hacer cosas extraordinarias. Una vez me dijo que me quedara en una orilla del río sujetando una hoja de papel, luego, él se fue a la otra orilla —yo sujetaba la hoja de papel, y, desde muy lejos, desde la otra orilla del río, empezó a escribir en ella con su lápiz. Había una gran distancia, pero, aun así, la escritura apareció. ¿Puedes hacer tú algo así?».

El maestro se rió y dijo: «Si tu maestro sólo puede hacer milagros, si todavía no es capaz de no hacer milagros, es que no está iluminado».

Porque ser capaz de no hacer milagros es el mayor de los milagros. Cuando puedes hacer algo tan especial que nadie más lo puede hacer, es muy difícil resistirse a la tentación. Si puedes materializar cosas, o volar, o leer los pensamientos de los demás, o curar a la gente con sólo tocarla, te resultará imposible resistirte. Aquí ocurre casi todos los días: la gente, meditando, logra muchas cosas —por ejemplo, los poderes de curación vienen muy fácilmente— y en cuanto se dan cuenta, inmediatamente vienen a mí. Alguien sufría un dolor de cabeza, y cuando lo han tocado, el dolor ha desaparecido inmediatamente, como si nunca hubiera existido. En cuanto se dan cuenta, vienen a preguntarme: «Osho, ha surgido en mí una gran energía de curación. ¿Qué debo hacer? ¿Debo utilizarlo? ¿Debo hacerme sanador?».

Es muy tentador, pero peligroso. Uno tiene que ser consciente para no utilizar esas cosas, de otra forma, se quedará estancado en ese punto y nunca se elevará. Y, según te vayas elevando más, irán ocurriendo fenómenos, cada vez más sutiles, que te harán inmensamente poderoso. Te gustaría utilizar esos poderes, pero sería un puro desperdicio de tu energía, y caerías, sería una caída estrepitosa.

Por eso Patanjali, en sus *Yoga Sutras*, advierte de ello a todos los yoguis: cuidado con todo tipo de *siddhis*, poderes, porque todo poder es tentador. Y cuanto más elevado sea, más tentador será. Cuanto más elevado sea, más satisfará al ego. Y si el ego empieza a sentirse satisfecho con algo, nunca alcanzarás lo supremo, nunca te convertirás en un dios.

De tal forma que, ascendiendo en el radiante éter,
entre los inmortales, tú mismo serás un dios.

Estate atento, aunque te hayas vuelto sabio. Incluso la sabiduría es disparatada cuando miras desde la cima suprema. No porque sea disparatada en sí, sino porque todavía tú estás ahí —y ése es el mayor de los disparates.

Un discípulo fue a su maestro y le dijo: «Maestro, ya se ha cumplido lo que has estado esperando durante años: he alcanzado la nada».

El maestro le asestó un duro golpe. El discípulo esperaba que esta vez no le golpeara, porque el maestro le había dicho una y otra vez: «Te golpearé hasta que no traigas la nada». Y lo que el discípulo estaba diciendo era verdad —había experimentado la nada, así que estaba feliz, fue corriendo y bailando. Había esperado durante años que el maestro le bendijera con su sonrisa. Sin embargo, el maestro le volvió a asestar un duro golpe, le pegó más fuerte que nunca. El discípulo dijo: «No entiendo nada. ¡Te estoy diciendo que he alcanzado la nada!».

El maestro le contestó: «¡Ya lo sé! ¡No hace falta que me lo digas! Ahora, deshazte también de esa nada —entonces, de verdad, estarás en la nada. Ahora, se ha convertido en una experiencia —la experiencia de la nada ya es algo, ya no es nada. De nuevo, te estás aferrando a alguna experiencia».

La divinidad no es una experiencia; ¡la divinidad es una ausencia de experiencias! La divinidad es un estado tan puro que no ocurre ninguna experiencia, ni de sabiduría ni de bendición. Todo ha desaparecido. No sólo ha desaparecido la desdicha, también ha desaparecido la bendición. No sólo ha desaparecido el disparate, también ha desaparecido la sabiduría. Te quedas completamente solo, no hay ninguna experiencia aferrándose a ti, ningún contenido en la mente —ni siquiera el pensamiento de que: «Lo he logrado».

En cierta ocasión:

Un poderoso rey iba a ver a Buda. En el camino, algo le preocupaba. Quería ofrecerle algo a Buda. Le preguntó a su mujer, porque era primera vez que él iba a verlo. Debería llevarle algún regalo, algún presente —¿pero qué sería lo apropiado? Él poseía uno de los más hermosos diamantes del mundo, así que se dijo: «Le llevaré el diamante. Será algo único. Ni siquiera Buda habrá visto nada igual, porque no hay nada que se pueda comparar con este diamante; es incomparable. Muchos reyes han ido a verlo, y deben haberle ofrecido todo tipo de cosas —yo quiero ofrecerle algo especial para que me recuerde».

La mujer empezó a reírse, ella solía ir a ver a Buda. Era discípula suya. Le dijo: «Es la primera vez que vas, así que no sabes nada de Buda. Llévate tu diamante, pero para un buda un diamante no es más que un guijarro. Si eso hace que te sientas bien, llévaselo; si eso hace que te sientas feliz, llévaselo. Pero llévate también mi consejo: Buda sería más feliz si le llevaras una flor de loto, y en nuestro estanque tenemos unas flores de loto muy hermosas. Yo le llevaré una».

El rey le preguntó: «¿Por qué una flor de loto?».

La mujer le contestó: «El loto es muy simbólico. Representa toda la evolución del hombre. El hombre es barro, pero del barro, un día, surge un loto. El hombre es sólo barro, pero lleva en él la semilla de un loto, así que el loto es una metáfora muy significativa. Apreciará el loto porque representa la transformación del hombre desde el sexo al samadhi, representa la transformación del hombre desde lo más bajo hasta lo más elevado, desde lo terreno a lo divino».

Así que el rey se llevó ambas cosas. No estaba muy convencido del loto porque pensaba: «Es una flor ordinaria; se puede encontrar en cualquier estanque. Y miles de personas deben haber ofrecido lotos a Buda, así que, ¿qué hay de especial en ello? Pero si mi mujer lo dice, le haré caso». Aunque sólo fuera por contentarla, se llevó ambas cosas. Cuando llegó, se inclinó ante Buda y, primero, le ofreció el diamante —obviamente, pensaba: «Si no acepta el diamante, le ofreceré el loto». Así que con una mano ofreció el diamante.

Buda lo miró y le dijo: «Tíralo». Eso era algo que le resultaba muy difícil. Hubiera querido que lo aceptara, lo recibiera, lo apreciara. ¿Que lo tire? Pero habiéndolo dicho Buda, y delante de diez mil *sannyasins* de Buda, no se podía negar. Le resultaba difícil. Toda su vida había estado escondiendo y protegiendo ese diamante. Era una pieza única, era algo que nadie más tenía. Era su gloria; era conocido en todo el reino por ese diamante. ¡Y este hombre le estaba diciendo que lo tirara! Diez mil *sannyasins* observaban en silencio... era difícil negarse. Así que lo tiró —de mala gana, muy reluctantemente, con muchas resistencias, pero, a pesar de sí mismo, tuvo que hacerlo. Lo tiró. No se sintió bien al hacerlo. Ésa no era la manera de recibir un regalo de tal calidad.

Entonces pensó: «Puede que mi mujer tuviera razón», y le regaló la flor —no tan feliz, porque no había sido idea suya. Buda miró a la flor y, de nuevo, dijo: «Tírala». Esto ya era demasiado, cuando estás frente a un Buda no puedes luchar. Pero tirar la flor no le resultaba tan difícil. No tuvo ningún problema en hacerlo, simplemente la tiró. De hecho, lo hizo sentirse un poco mejor: «¡Ahí va la mujer! Y toda la gran metáfora y la poesía de la flor de loto —¡ahí va! No sólo ha rechazado mi diamante, también el loto». Entonces, ambas manos estaban vacías y se sentía un poco ridículo. ¿Qué hacer ahora?

Mirándolo, Buda dijo de nuevo: «¡Tíralo!». Ahora no había nada que tirar. Era incomprensible. Ese hombre parecía estar loco —el rey ya lo había sospechado cuando le dijo que tirase el diamante— en ese momento pensó: «Al parecer, este hombre está loco». Esto se lo confirmaba. ¡Ya no había nada que tirar!

El discípulo jefe de Buda, Ananda, empezó a reírse. Al rey se le quedó cara de tonto. Le preguntó: «¿Qué ocurre contigo? ¿De qué te ríes? ¿Qué se supone que debo hacer?».

Ananda le dijo: «Buda no se refería a que tiraras el diamante. No se refería a que tiraras el loto. Te lo estaba diciendo a ti: tira la idea de que eres —de que has venido, de que eres un gran rey, de que has traído un gran regalo, de que nadie tiene un diamante igual. Tira ese ego—, porque eso es lo único que se le puede ofrecer a un buda. No acepta ninguna otra cosa, ninguna otra cosa es aceptable, ninguna otra cosa es digna».

En ese momento, surgió en el rey una gran comprensión. Se echó a los pies de Buda, y, según se cuenta, se iluminó instantáneamente. Al echarse a los pies, el ego desapareció, no había nadie dentro. Y cuando no hay nadie dentro, hay divinidad. Lo divino siempre ha estado ahí, oculto detrás de ti. Cuando tú desapareces, ello aparece. Ése es el descubrimiento: no se trata de un logro.

De tal forma que, ascendiendo en el radiante éter,
entre los inmortales, tú mismo serás un dios.

Ser un dios es tu destino. Pero recuerda, no se trata de una meta, ya es así. Ustedes son dioses porque no existe nada más que divinidad. Toda la existencia desborda divinidad. Dios es verde en los árboles y rojo y dorado, dios está en el viento y en la canción que canta cuando pasa a través de los pinos. Dios está en las rugientes olas del océano y en las nubes y en los relámpagos. ¡Dios es, sólo dios es! Dios está en ti, en el vecino, en tu hijo. Pero primero tienes que reconocer la divinidad en ti, después podrás reconocerla en todas las partes. Una vez que se conoce dentro, también se conoce fuera. Y conocer la divinidad dentro y fuera es conocer la verdad, es conocer la libertad —es conocer todo lo que es digno de ser conocido.

Capítulo 6

Respuestas a preguntas

Un sentimiento de integración y poder empezó a surgir dentro de mí al oírte hablar acerca del eterno peregrinaje de Pitágoras, buscando los secretos ocultos de la vida y experimentando con muchos métodos por medio de diferentes escuelas esotéricas —¿qué es ese sentimiento?

Ese buscador eterno existe en todos —Pitágoras existe en todos. Puede que no lo hayamos notado, pero hay una búsqueda de la verdad innata: el hombre es un buscador. Y hasta que no lo reconozcas conscientemente, no serás humano en el verdadero sentido de la palabra.

Ésa es la única diferencia entre el hombre y los demás animales: sólo el hombre busca la verdad, sólo el hombre quiere penetrar en los misterios de la vida y la existencia. Sólo el hombre se pregunta qué sentido tiene todo esto. Sólo el hombre medita, contempla.

Puede que no seas consciente de que la palabra inglesa «*man*» (hombre) procede de la raíz sánscrita *manan*, que significa contemplación. El hombre tiene la capacidad de contemplar, de meditar. Así que, cuando me oyes hablando de Pitágoras, algo se remueve en tu corazón —Pitágoras, que está dormido en ti, se mueve un poquito, se vuelve un poquito alerta, despierta un poquito. Tu dormir se vuelve un poco menos denso; tus sueños cesan por un momento. Ha provocado algo en ti.

Pitágoras es casi un arquetipo, el buscador de la verdad por excelencia, una persona que entregó toda su vida a encontrar la *Philosophia Perennis*, la filosofía perenne de la vida. La posibilidad existe en todos; sólo hay que hacerla realidad. Pero estamos muy perdidos en juegos inútiles, innecesarios, estamos muy perdidos en la acumulación de juguetes, que son absolutamente infantiles —desperdiciando vida, desperdiciando energía, desperdiciando tiempo. ¡Y la vida es corta! La vida es muy fugaz, y el tiempo está constantemente escurriéndosete de las manos.

Toma la determinación de que antes de que llegue la muerte habrás llegado a casa —de que antes de que la muerte tome posesión de ti, ¡la verdad tiene que ocurrir! Que eso se convierta en un abrasador deseo en ti. Conviértelo en un anhelo tan intenso que cada fibra de tu ser empiece a vibrar con él, que, incluso mientras duermes, el deseo siga presente como una corriente subterránea. En lo que sea que estés haciendo, todos los actos tienen que acabar volviéndose periféricos, y la constante búsqueda de la verdad, la constante sed de verdad tiene que acabar convirtiéndose en el centro. Deja que esa sea tu apasionada relación amorosa.

Dices: *Un sentimiento de integración y poder empezó a surgir dentro de al oírte hablar acerca del eterno peregrinaje de Pitágoras...* Es cierto, si surge en ti el deseo de conocer la verdad, la integración llega por sí sola —porque el deseo de conocer la verdad es tremendamente poderoso. No se trata de un deseo ordinario: no es como el deseo de tener una casa mejor o un coche mejor o más dinero; no es como el deseo de fama, de éxito, de poder o de prestigio... Ésos son deseos muy ordinarios; no pueden integrarte. En realidad, te desintegran, porque son muchos. Un deseo tira de ti hacia el norte, otro tira de ti hacia el sur. Son muchos, son una multitud, y cada deseo quiere atraerte, quiere tu atención. Así que todos ellos están clamando a tu alrededor.

El deseo de dinero dice: «Deja todo lo demás. Haz todo el dinero que puedas». El deseo de éxito dice: «Aunque tengas que perder dinero, no te preocupes —tienes que convertirte en un hombre de éxito, tienes que ser famoso, ¡tienes que dejar una marca en la historia! Arriésgalo todo —el dinero y todo lo demás». Y el deseo de sexo dice: «¿Qué vas a conseguir con dinero, poder o prestigio? Disfruta de la vida mientras puedas —apura todo el placer sexual de cada momento». Todos estos deseos tiran de ti en muchas direcciones; por eso, siempre sientes que te estás desmoronando.

El deseo de verdad es un deseo singular. Y es tan grande, tan enorme, que todos los demás deseos simplemente desaparecen en él; son como pequeños arroyos. Cuando llega el deseo de verdad, el gran río absorbe todos los pequeños arroyos en él. Todos desaparecen en uno. Se convierte en tal pasión, tal abrasadora pasión, que te enciende. La propia unidad del deseo te integra.

Ha sido una hermosa experiencia. No la olvides —recuérdala. Tiene que fortalecerse, intensificarse. Tiene que hacerse total, ¡porque lo único que se necesita para lograrlo es sentir un anhelo total por el todo! Cuando el deseo es del cien por ciento, cuando te entregas por completo, cuando has mostrado todas tus cartas, en esa totalidad, inmediatamente, ocurre la divinidad. No necesitas ir a ninguna parte; sólo tienes que encenderte, y la existencia derramará sobre ti toda su gracia.

La integración te lleva a la verdad, y el deseo de verdad trae consigo integración.

Gracias por tu exquisita síntesis. Al entender la ausencia de propósito de la existencia surge una gran dicha.

La verdad siempre provoca un proceso en ti, aunque la verdad no sea tu propia verdad. El mero hecho de oírla provoca un proceso paralelo en ti. No es una consecuencia del hecho de haberla oído; no sigue la ley de causa y efecto, sino la ley de la sincronización.

Cuando escuchas buena música, surge música en ti. No es que tenga que ser así forzosamente: puede que surja o puede que no; no es algo imperativo. Pero si estás abierto, surge. Si estás accesible, surge. Cuando ves a un gran bailarín, algo en ti empieza a danzar. Eso es comunión. La verdad de Pitágoras, la verdad de la mayor síntesis jamás alcanzada puede provocar un proceso en ti, puede empezar algo tan inmenso que ni siquiera hubieras podido soñar. Ése es el propósito de la comunión con un maestro. Su presencia, sus palabras, sus silencios empiezan a trabajar en ti —algunas veces, incluso a pesar de ti. Hay veces que eres consciente de esos procesos, otras veces ni siquiera te das cuenta; empiezan a trabajar por debajo de tu conciencia. Y un día estallan en un gran florecimiento.

Pitágoras realmente intentó lo imposible. Y no sólo lo intento, sino que lo consiguió. Pero el mundo quiere vivir en división, porque sólo puede entender el conflicto. No puede entender la síntesis. La síntesis sólo se puede entender cuando alguna síntesis empieza a ocurrir dentro de ti; si no es así, la síntesis no es entendible, será malinterpretada.

Todo el mundo estaba en contra de Pitágoras. Todas las religiones, todos los, mal llamados, gurús de aquellos días estaban en contra de Pitágoras. En realidad, deberían haber estado a su favor, porque él estaba uniendo todos los fragmentos dispersos de la verdad. Pero eso duele...

Cuando digo que el Corán es verdad, tan verdad como los Vedas, si fueran comprensivos, tanto los musulmanes como los hindúes, ambos, deberían sentirse inmensamente felices —pero eso no es lo que ocurre. Al contrario, ambos se enfadan. El musulmán, porque he comparado su libro sagrado con un libro ordinario —¡los Vedas! Y el hindú, porque he comparado su libro sagrado con un libro ordinario —¡el Corán! Ambos se enfadan porque daña a sus egos.

Así que puedes entender por lo que tuvo que pasar Pitágoras, porque me está ocurriendo a mí, te está ocurriendo a ti. ¡El mismo proceso! Los hindúes están en mi contra, los musulmanes están en mi contra, los jainistas están en mi contra, los budistas están en mi contra, los cristianos están en mi contra. ¿Por qué? Yo estoy llevando a Cristo, a Buda, a Mahavira, a Zaratusta, a Lao Tzu y a Krishna a la síntesis más elevada posible. Aun así, todos están en contra de ello. La razón es porque están divididos dentro de ellos mismos. Sólo pueden entender lo que ellos son. No se puede entender lo que está más allá de tu conciencia. Si estás dividido, sólo puedes entender un mundo dividido. Si en tu interior hay una sutil armonía, entenderás cualquier armonía que se dé en el exterior.

Es bueno que sientas una gran gratitud al escuchar la síntesis. Es señal de que algo en ti ha empezado a integrarse —algo que te está uniendo, que está produciendo una especie de unidad con los dos hemisferios de tu cerebro, el izquierdo y el derecho.

Hay que entender, y muy profundamente, estos dos hemisferios del cerebro —porque en ello no jugamos mucho. Ahora, los científicos están muy de acuerdo con el antiguo entendimiento místico de que hasta que estos dos hemisferios no sean enlazados, y enlazados correctamente, la persona permanecerá esquizofrénica. Están enlazados, pero apenas; lo único que los enlaza es un hilo muy fino. Ese hilo se puede cortar. Es algo que algunas veces ocurre accidentalmente, por ejemplo, en un accidente de coche —el nexo de unión puede ser dañado. Se trata de un nexo muy delicado, como un hilo. Una vez que se ha cortado, la persona se convierte en dos; una persona se convierte en dos personas. Empieza a comportarse como dos personas. Se han llegado a observar cosas muy extrañas.

Por ejemplo, la parte izquierda del cerebro puede leer y recordar. La parte derecha del cerebro no tiene, en absoluto, la capacidad de leer. Así que ocurre algo muy extraño: cuando una persona lee algo, sólo una parte de su cerebro lo recuerda. Si anestesias su parte izquierda, ni siquiera recordará haber leído. No recordará haber estado leyendo. Puede que esté haciendo algo con una de sus manos, pero la otra mano no cooperará, porque cada mano está conectada con un hemisferio diferente. La mano derecha está conectada con el hemisferio izquierdo. Por eso, se ha vuelto tan importante. La derecha se ha convertido en la mano *correcta*, y la izquierda se ha convertido en la mano *errónea*. ¿Por qué? Es muy simbólico.

La mano izquierda está conectada con el hemisferio derecho, y el hemisferio derecho representa la intuición, los poderes psíquicos, la meditación, el amor, la poesía —y como esas cosas son repudiadas, la mano izquierda es repudiada. La mano derecha representa la lógica, el cálculo, la aritmética, la ciencia —y como esas cosas son elogiadas, la mano derecha es elogiada.

El diez por ciento de los niños nacen zurdos; una de cada diez personas es zurda. Puede que no haya tantos zurdos porque, desde su más tierna infancia, obligamos a los niños a escribir con la mano derecha, a hacer las cosas con la mano derecha. Eso es destruir una minoría. Eso es muy represivo, porque el que nace zurdo, si quiere ser auténtico, tiene que ser zurdo. Acabará volviéndose falso. Le obligarás a usar la mano derecha porque todo el mundo es *diestro* —el profesor, los padres, los demás alumnos en la escuela— si usa la mano izquierda se sentirá culpable. Sentirá que está haciendo algo malo.

No está haciendo nada malo —¡él es zurdo por naturaleza! Tiene la capacidad de llegar a ser poeta. Tiene la capacidad de convertirse en una persona intuitiva. Puede desarrollar poderes proféticos, puede que un día sea capaz de leer los pensamientos de los demás. Puede que llegue a convertirse en un gran médium hipnótico. Puede que incluso llegue a tener poder mental sobre la materia. Tiene un amplio arco de capacidades, pero es arruinado. La sociedad lo obliga a desplazarse a la mano derecha. La mano derecha es su mano débil. Vivirá una vida débil, infértil, no creativa. Podría haberse convertido en un gran visionario; ahora, sólo podrá llegar a ser un matemático de tercera categoría. Podría haber sido un poeta de primera categoría, o un músico, o un pintor; ahora, no pasará de ser un empleado de tercera categoría en alguna oficina, o un jefe de estación, o un recaudador de hacienda, o un político —algo de tercera categoría. La sociedad ha sido muy violenta con él.

El nexo de unión entre los dos hemisferios es muy débil; la comunicación que hay normalmente es muy poca. Cuanto más integro se va volviendo uno, mayor se va haciendo la comunicación entre los dos hemisferios. En un buda los dos hemisferios se convierten en uno. Él es tan lógico como el que más y tan amoroso como el que más.

El hemisferio izquierdo, que está conectado con la mano derecha, está regido por la ley de la necesidad. Y el hemisferio derecho, que está conectado con la mano izquierda, está regido por la ley del poder. Y cuando esas dos leyes se convierten en una, surge el Logos, surge el *dhamma*, el Tao, la Torá —la ley suprema, la ley de las leyes. Entonces, la persona adquiere una inmensa belleza y gracia. Él es el punto de encuentro entre la tierra y el cielo, entre el hombre y la mujer; es el punto de encuentro de todo lo que está dividido en la existencia. Y en ese encuentro, se conoce la divinidad.

Todos los métodos secretos de todas las escuelas de misterios no son más que procesos alquímicos para crear un puente entre estos dos hemisferios, para acercarlos al máximo, tanto que casi se conviertan en uno. Cuando la lógica funciona como amor y el amor funciona como lógica, has alcanzado la cima más alta. En esa cima, el éxtasis simplemente ocurre —igual que las flores empiezan a florecer cuando llega la primavera. Cuando esa síntesis, esa primavera, ha ocurrido en tu mundo interior, has llegado a casa; has alcanzado el uno, el todo. Te has vuelto sagrado.

Algo está ocurriendo en ti, esta síntesis está ocurriendo en ti. Oriente y Occidente se están encontrando, el cielo y la tierra se están encontrando, la mente y la materia se están encontrando.

Toda la obra de Pitágoras fue destruida. Su academia, su escuela, fue arrasada por completo. Cientos de discípulos fueron masacrados. Nosotros estamos intentando volverlo a hacer de nuevo, estamos tomando el riesgo de nuevo —el peligro está ahí. Podemos tener el mismo destino. Pero no tiene por qué ser así. Podemos aprender algo del experimento de Pitágoras. Él fue el primer pionero. Él tuvo éxito en su vida; tuvo éxito con muchos de sus discípulos. Pero puede que llegara demasiado pronto; el mundo todavía no estaba preparado. Ahora, el mundo está científicamente preparado. En esos tiempos, el mundo todavía no estaba científicamente preparado. Oriente era Oriente y Occidente era Occidente, y el nexo de unión era casi imposible. Ahora, la ciencia ha acercado mucho a la gente de una y otra parte, en este clima también es posible una síntesis espiritual. En aquellos tiempos, la gente estaba aislada. Puede que, de vez en cuando, viniera a Oriente un visitante de Occidente... y recuerda, siempre era un visitante de Occidente a Oriente; nunca de Oriente a Occidente. ¿Por qué?

Occidente representa la mente masculina: la que toma la iniciativa. Oriente representa la mente femenina: la que simplemente espera, la que no toma la iniciativa. Siempre es el hombre quien se declara a la mujer, quien dice: «Te amo». Nunca es la mujer quien se declara. Y si una mujer se te declara, te entran ganas de escapar de ella, porque no es una mujer; su mente es mayormente masculina. Te dará miedo, te sentirás ofendido. No podrás aceptarlo fácilmente. La mujer tiene que esperar.

Por eso, Occidente siempre ha estado enviando sondas a Oriente. Oriente simplemente ha esperado; no ha ido a ninguna parte. De vez en cuando, puede que viniera un visitante. Éste se llevaba con él a Occidente la antigua sabiduría de Oriente, y siempre era malentendido. Ocurrió con Pitágoras y, quinientos años después, con Jesús.

Jesús también visitó Oriente; lo aprendió todo en Oriente. Y cuando regresó, tampoco fue entendido; era demasiado extranjero. Pero ustedes están en una mejor posición —son muchos. Pitágoras vino solo, regresó solo; Jesús vino solo, regresó solo. Eran grandes aventureros. Jesús fue ejecutado. La academia de Pitágoras fue incendiada, sus discípulos masacrados. El mundo todavía no estaba tan entrelazado como hoy día. La ciencia y la tecnología han unido mucho a la gente. Todas las barreras, al menos las barreras físicas, se han eliminado. Ahora se puede dar el segundo paso: eliminar las barreras psicológicas. Eso es lo que estamos haciendo aquí.

Es bueno que la síntesis pitagórica resuene en tu corazón, porque ésa, también, es mi tarea.

Y en segundo lugar, dices: *Al entender la ausencia de propósito de la existencia surge una gran dicha.* La dicha sólo surge cuando entiendes que el todo no puede tener ningún propósito. Las partes sí pueden tener un propósito, pero el *todo* no puede tener ningún propósito. Tu casa tiene un propósito: darte refugio, darte seguridad. La comida tiene un propósito: nutrirte, mantenerte vivo. Tu ropa tiene un propósito, tus máquinas... y todo lo que creas tiene un propósito. ¿Pero qué propósito tienes tú?

Ahora, empiezas a moverte en el mundo ausente de propósitos. Todavía puedes encontrar algún pretexto. Puedes decir: «Estoy aquí para ser feliz». ¿Pero qué propósito hay en ser feliz? ¿Cuál es el propósito de la felicidad? Puedes decir: «Estoy aquí para amar», pero el amor en sí carece de propósito. Tiene tanto propósito como una rosa, como una gota de rocío deslizándose por la hoja de un loto bajo el sol de la mañana. Carece tanto de sentido como el *todo*.

Cuanto más te acercas al *todo*, menos propósito tiene la ley. El propósito pertenece a la ley de la necesidad; la ausencia de propósito pertenece a la ley del poder. ¿Cuál es el propósito del todo? Ninguno en absoluto —es una pura celebración. Por eso los hindúes lo han llamado *leela* —*leela* significa jugueteo. Es un juego.

El juego no tiene ningún propósito. En cuanto el juego adquiere propósito, se convierte en competición, recuérdalo —ésa es la diferencia entre el juego y la competición. Si simplemente estás jugando a las cartas, sin apostar, sin dinero de por medio, es un juego. En cuanto apuestas dinero, deja de ser un juego, se convierte en un negocio. Ha entrado el propósito. Ahora, es una competición. Ahora, estás apostando. Hace tan sólo un momento estabas jugando; ahora, el juego es secundario. Ahora, la cuestión es ganar dinero. La cosa se ha vuelto seria; ya no es un simple pasatiempo. Ha caído del mundo de la gracia al mundo de la gravedad. Ha caído del mundo del poder al mundo de la necesidad.

Estas dos leyes son inmensamente hermosas. La ley de la necesidad es equivalente a la ley de la gravedad. La ciencia ha reconocido la ley de la gravedad, la ley de la necesidad, pero todavía no ha reconocido la ley más elevada: la ley de la gracia, la ley del poder. Por eso, la ciencia sigue pensando en términos de causa y efecto. Todavía no conoce una ley más elevada.

El místico ha descubierto la ley más elevada —la ley de la gracia. La gravedad tira de ti hacia abajo... se debería meditar acerca de ello. Si hay nacimiento, para equilibrarlo, hay muerte. Si hay amor, hay odio. Si hay electricidad negativa, hay electricidad positiva. Si hay una ley que tira de las cosas hacia abajo, ¡también tiene que haber una ley que tire de las cosas hacia arriba! Es simple lógica, no hace falta probarlo. Es muy simple: en la vida, todo está equilibrado por su polo opuesto. Así que, ¿dónde está el polo opuesto de la gravedad? Tiene que haber uno.

Y recuerda, antes de Newton, ni siquiera se conocía la gravedad; sólo se la conoce desde hace trescientos años. Y no es que la ley de la gravedad empezara a funcionar después de Newton —¡siempre ha estado funcionando! Newton no la inventó, sólo la descubrió. Y ahora, parece un descubrimiento muy corriente.

Newton estaba sentado bajo un árbol, y una manzana cae, él lo observa: «¿Por qué cae la manzana hacia abajo? ¿Por qué algunas veces no va hacia arriba, o hacia la derecha, o la izquierda? Pudiendo ir en cualquier dirección... ¿Por qué siempre va hacia abajo?». Entonces algo hizo clic en su mente, tenía que haber alguna fuerza que la atrajera hacia la tierra. Pero las manzanas han estado cayendo siempre, incluso antes de Newton. A las manzanas no les importaba si Newton había descubierto la ley o no; las manzanas simplemente han estado cayendo, aunque no supieran nada de física.

Con la ley de la gracia ha estado ocurriendo exactamente lo mismo. Ha habido personas que han estado cayendo hacia arriba. Personas como Buda, Jesús, Pitágoras, han estado cayendo hacia arriba. Ellos saben que hay algo que atrae hacia arriba, si tú lo permites. Si simplemente dejas de hacer esfuerzo alguno, si no haces nada —si te rindes, si confías— algo empieza a tirar de ti hacia arriba. Empiezas a levitar —no física sino espiritualmente. Algo en ti empieza a elevarse cada vez más alto y llega hasta la cima suprema de la conciencia. Del mismo modo que las manzanas caen hacia abajo, tú empiezas a caer hacia arriba.

Hay una famosa parábola sufí:

Un místico sufí que tenía fama de estar loco... Muchos místicos han tenido fama de estar locos. En cierto sentido, lo están. El mundo cree que están locos porque la vida que llevan, a los ojos del mundo, resulta completamente absurda. El mundo acumula dinero, el mundo siempre está intentando acumular más y más poder y prestigio, pero a ellos todas esas grandes cosas simplemente no les llama la atención. El mundo quiere que poseas y tengas cada vez más y más. Así que cuando una persona no se preocupa por tener más y más, no hay duda de que parecen locos. No poseen nada...

Recuerda a Diógenes, no poseía nada; sin embargo, era más feliz que Alejandro Magno, era completamente dichoso. Incluso Alejandro Magno sentía envidia. Se cuenta que, en cierta ocasión, le dijo a Diógenes: «Si yo pudiera volver a nacer, le pediría a Dios: 'Esta vez por favor haz que nazca como Diógenes. No quiero volver a ser otra vez Alejandro Magno'». Debe haber sentido celos de Diógenes, aquel hombre desnudo. Pero ¿qué dijo Diógenes? Diógenes dijo riendo: «Si yo tuviera otra oportunidad de volver a nacer, no querría ser Alejandro Magno —no soy estúpido. ¿Y por qué esperar a otra vida? Puedes convertirte en Diógenes ahora mismo, pero convertirse en un Alejandro Magno requiere un gran esfuerzo. Convertirse en un Diógenes no requiere ningún esfuerzo. ¡Puedes hacerlo inmediatamente!». Y prosiguió: «Quítate la ropa y túmbate a mi lado —estoy tomando el sol, es algo que tú también puedes hacer. ¡Si te olvidas por completo de conquistar el mundo, puedes ser Diógenes en este mismo momento!».

Esas personas pueden parecer locas. Diógenes, a menudo, parecía estar loco. Solía llevar una lámpara a plena luz del día, y cuando se encontraba con alguien le acercaba la lámpara a la cara y lo miraba —¡a plena luz del día! La gente le preguntaba: «¿Qué estás haciendo?». Y él solía contestar: «Estoy buscando a un hombre; todavía no me he encontrado ninguno».

¿Y sabes lo que ocurrió cuando estaba muriendo? Alguien preguntó a Diógenes: «Has estado toda tu vida buscando a un verdadero hombre. Incluso con la lámpara a plena luz del día ¿lo has encontrado?».

Diógenes abrió los ojos y dijo: «No, pero muero feliz; por lo menos, nadie me ha robado la lámpara». Estas personas parecen locas.

Hay una historia, una historia sufí, que cuenta que un místico sufí loco se quedó en la casa de un discípulo. El discípulo estaba un poco preocupado porque se trataba de un hombre famoso por hacer cosas extrañas: «Puede que haga algo, que forme algún alboroto. Y, ¿qué pensaría el vecindario, la gente? Pensarían que yo también estoy loco por ser discípulo de un loco así». Y ese místico, incluso a mitad de la noche, solía empezar a cantar, a gritar o a danzar de alegría. Así que, el discípulo pensó: «Será mejor dejarle encerrado en el sótano, así por lo menos no hará ninguna locura en medio de la noche». Y así lo hizo.

Justo en medio de la noche, empezó a ocurrir un gran alboroto, gritos y bailes. ¡Y lo que más perplejo dejó al discípulo fue escuchar al místico bailando en el tejado! Subió inmediatamente. Le preguntó: «¿Cómo te las has apañado? ¿Cómo has llegado al tejado?».

El místico le contestó: «¿Qué le voy a hacer? Abrí los ojos y vi que estaba cayendo hacia arriba».

Es una hermosa historia —cayendo hacia arriba. Hay una ley de caer hacia arriba, y, algunas veces, cuando meditas, bailas o cantas, lo sientes —sientes que estás poseído por algo más elevado, de arriba, y que te lleva a plenitudes más elevadas, plenitudes que nunca antes habías conocido.

Se trata de la ley de la gracia, o ley del poder.

Y cuando puedes usar ambos mundos... el que pertenece a la ciencia y el que pertenece a la religiosidad. Y el mundo está esperando una forma nueva de mirar a las cosas, donde la ciencia y la religiosidad se conviertan en una. Llámalo *religio-ciencia* o como quieras, pero el mundo está esperando algo que haga que esas dos leyes funcionen como una sola en una gran síntesis.

A eso me refiero cuando digo que me gustaría que fueras como Zorba el Griego y Gautama el Buda —ambos juntos. Mi trabajo es crear a Zorba el Buda.

¿Qué es la ley de la necesidad?

Pitágoras habla de dos leyes: la ley de la necesidad y la ley del poder. La ley de la necesidad significa vivir una vida accidental, como un robot, como una máquina. La ley de la necesidad significa que las cosas te ocurren; tú no eres el maestro, no eres lo suficiente consciente como para ser el maestro.

La ley del poder significa que las cosas no te ocurren; tú le ocurres a las cosas. No eres un simple accidente, eres un poder. La conciencia trae consigo poder; entonces, la vida no es un madero a la deriva, entonces, hay una dirección en la vida. Entonces, hay cierta integridad en la vida; entonces, hay un continuo en la vida. Hay algo sólido en ti, y es tan fuerte que, entonces, tú empiezas a ocurrirle a la gente. Tienes una presencia. Y hagas lo que hagas, lo haces tú —no se trata de una reacción inconsciente, se trata de una respuesta consciente. No estás a merced de las cosas, de los eventos. Surge en ti una maestría. Por eso, en Oriente, al *sannyasin* se le dice *swami*. *Swami* es el trato que se la da a aquél que se ha convertido en maestro de sí mismo, aquél que ha pasado de la ley de la necesidad a la ley del poder.

La ley de la necesidad significa que estás caminando como si estuvieras dormido, tropezando aquí y allá, cayendo en esta cosa, en aquella, intentando hacer tu camino a tientas en la oscuridad. Tu vida carecerá de sentido, «un cuento contado por un idiota, lleno de ruido y furia, y que no significa nada». Tu vida será como el galimatías de un loco. De ti, no surgirá ninguna poesía, ninguna canción, ninguna música. Esas cosas sólo ocurren cuando tu inconciencia desaparece y te vuelves consciente.

La meditación es la clave para volverse consciente; la meditación es la puerta a la ley del poder.

Me preguntas: *¿Qué es la ley de la necesidad?*

Estas viviendo bajo ella...

Un hombre contaba en su autobiografía que, en cierta ocasión, su padre estaba viajando y el tren se retrasó. Cuando llegó a su destino era tan tarde que ya no había ningún taxi. Eran las tantas de la noche y hacía mucho frío. Como no pudo conseguir un taxi, se metió en un restaurante; ya estaban cerrando, y la mujer que lo atendía estaba a punto de marcharse. Al ver al hombre, le dijo que sólo le podía servir un café. Él lo aceptó; no había nadie más, así que entablaron conversación. La mujer le dijo: "«Te va a ser muy difícil conseguir un taxi. Si quieres, te puedo llevar en mi coche, me pilla de camino a casa». Así que se fue con la mujer. Acabaron enamorándose, y así es cómo su padre conoció a la mujer que, más tarde, sería la madre del autor de la autobiografía.

Él comenta: «Si ese tren no se hubiera retrasado, yo no hubiera venido al mundo. Si hubiera habido algún taxi libre, yo no hubiera venido al mundo. Si la mujer no se hubiera ofrecido a llevarlo en su coche, yo no hubiera venido al mundo». Todo accidental... La gente vive en esta inconciencia. Tu amor es accidental, tu odio es accidental, tu amistad, tu enemistad —todo es accidental.

¡Deja de ser accidental! Recompónte, vuélvete un poco más consciente. Date cuenta de lo que está ocurriendo. Y, poco a poco, cuando empieces a actuar desde tu conciencia, notarás un enorme poder surgiendo en ti. Entonces, el aroma de tu vida será completamente distinto.

Una historia:

Un millonario, a los ochenta años, se casó con una muchacha campesina de catorce años. Estaba muy contento, pero a las pocas semanas, ella le dijo que si no hacían pronto el amor, lo dejaría. Su chofer le llevó en su limusina a que le viera un caro especialista, éste, después de examinarlo, le inyectó una poción especial. «Escuche con atención —le dijo el doctor—, la única forma de que se le ponga dura es diciendo 'bip' —y para que se luego se ponga blanda tiene que decir 'bip-bip'. Pero le advierto que sólo funcionará tres veces, y luego se morirá.

De camino a su casa, el viejo pensando que, de cualquier forma, no iba a resistir tres veces, decidió gastar una para probarlo: «Veamos si realmente funciona o no, ¿Quién sabe? Puede que el doctor me haya timado —es una cosa que parece casi imposible». Así que, dijo: «¡Bip!», y funcionó. Le provocó una gran erección. No se lo podía creer —aquello era fantástico. Nunca le había ocurrido nada igual, ni siquiera cuando había sido joven. Satisfecho, dijo: «Bip, bip», y la erección desapareció tal como había venido. Con deleite y anticipación, se rio entre dientes.

En ese momento, el claxon de un pequeño Volkswagen amarillo sonó «bip», al pasar justo al lado de su limusina... entonces, el coche de enfrente le contestó «bip-bip». Alertado por el peligro, el viejo le ordenó al chofer que se diera prisa. Salió corriendo hacia la casa lo más rápido que pudo para aprovechas su última gran oportunidad. «Cielo —le grito a la chica—, no hagas ninguna pregunta. Simplemente quítate la ropa y salta a la cama».

Arrobada de excitación, lo hizo. Él se desnudó nerviosamente y se apresuró tras ella. Justo cuando estaba subiendo a la cama, dijo: «Bip». Entonces, su tierna esposa le preguntó: «¿A qué viene ese rollo del 'bip-bip'?».

Ésa es la ley de la necesidad.

¿Cómo es el proceso de desactivación de la ley de la necesidad y el proceso de activación de la ley del poder?

La ley de la necesidad significa que eres inconsciente, que estás funcionando como un robot. Sólo entonces se aplica la ley de la necesidad. Así que, si quieres desactivar la ley de la necesidad, la única manera es volviéndose más consciente, más alerta. *Desautomatizando* tus acciones. Cuando camines, camina con conciencia; cuando comas, come con conciencia. Al principio es muy difícil, porque siempre has vivido en la inconciencia. Caminas mecánicamente —pon conciencia en tu caminar. Y para poner conciencia en el caminar, es necesario tener en cuenta algunas cosas.

Primero: no caminar con tu paso habitual —ve más despacio. Ve lo más despacio que puedas, porque si vas más despacio de como lo haces normalmente, tu viejo hábito no se podrá mantener. Estarás introduciendo en él nuevos factores, el cuerpo tendrá que ajustarse. Llevará tiempo, ese tiempo se podrá usar en ir volviéndose consciente.

Si fumas, hazlo muy lentamente, tómate tu tiempo. Saca el paquete de tabaco muy despacio del bolsillo, lo más despacio posible. Hazlo todo a cámara lenta. Luego, lentamente, saca un cigarrillo, muy lentamente, como si no tuvieras energía... ¡acabarás siendo consciente! Luego da unos golpecitos con el cigarrillo en el paquete, lo más despacio posible, como si estuvieras casi muerto, y sigue haciéndolo un largo rato. Luego, muy despacio, póntelo en la boca. ¡Luego espera! No tengas prisa. Luego, saca el encendedor... Y lo mismo, movimientos lentos... tómate tu tiempo. Tómate una hora para fumarte un cigarrillo, y verás la cantidad de conciencia que surge en ti.

Puede que también te sorprenda ver que, en cuanto pierdes conciencia, caes de nuevo en la antigua forma de moción. Vuelve a ir más despacio...

Ése es todo el proceso de *vipassana*. En *vipassana* tienes que hacer dos tipos de meditación: uno es sentado, *zazen*; el otro es caminando. Caminar despacio... Puede hacerse como se quiera. Sólo hay que respirar lentamente, y la respiración se convierte en una meditación. Deja que tu mano se mueva lentamente de un lado a otro. Y serás consciente.

Desautomatiza tus actividades, cuanto más consciente seas, más irá desapareciendo la ley de la necesidad. Y cuando la ley de la necesidad deja de funcionar por completo, automáticamente, por sí sola, empieza a funcionar la otra ley —la ley del poder.

Se cuenta que:

Un gran astrólogo regresaba de Kashi. Había estado veinte años en Kashi aprendiendo astrología; había llegado a ser muy famoso. Ahora regresaba a su pueblo. Al cruzar un río, en la suave y húmeda arena, vio unas pisadas... ¡No podía creerse lo que estaba viendo! «¡Aquellas pisadas sólo podía haberlas dejado alguien que fuera el emperador de todo el mundo!». Eso es lo que había estado leyendo en sus libros de astrología durante veinte años. En India hay un nombre concreto para designar al emperador de todo el mundo —*chakravartin*— el emperador de los seis continentes. «¿Qué iba a hacer un *chakravartin* en un pueblo tan insignificante? ¿Desnudo, descalzo, bajo el sol abrasador, y en la orilla de este pequeño y sucio río? ¡Es imposible!».

Una gran duda invadió al astrólogo: «¿Estarán mis libros equivocados?». Estudió la pisada muy minuciosamente; tenía todas las señales. Siguió las pisadas en busca del hombre... Y se encontró a Buda sentado bajo un árbol.

Al verlo, sus dudas aumentaron. El hombre parecía un emperador —su gracia, su belleza, el silencio que le rodeaba la festividad que se respiraba a su alrededor. Sólo por su presencia, el árbol relucía. «¡Es un *chakravartin*! Pero también parece un mendigo con una escudilla de mendigo». Se postró a los pies de Buda y le preguntó: «Estoy en un mar de dudas acerca de ti. No sé si debería tirar mis libros, si he desperdiciado veinte años. ¿Puedo mirarte los pies?».

Miró los pies de Buda y dijo: «Ahora estoy absolutamente seguro: deberías ser un *chakravartin*, el mayor emperador del mundo, el emperador de emperadores. ¿Cuáles son tus hazañas? No veo ni un solo sirviente a tu alrededor. ¿Y qué significa esa escudilla de mendigo, y esos harapos que llevas? ¿Acaso eres un mendigo?».

Buda rio y le dijo: «No tires tus libros —son correctos, pero sólo para la gente que vive regida por la ley de la necesidad, para los que viven inconscientemente. Cuando una persona se vuelve consciente, transciende la astrología y sus predicciones. Entonces, deja de estar bajo la ley de la necesidad. Entonces, forma parte del poder infinito, es un dios. Vive de un modo completamente distinto. No se le puede predecir, es impredecible. No tires tus libros. Nunca más, en toda tu vida, te volverás a encontrar con un hombre como yo. No te preocupes. Ocurre muy raramente —que nazca una persona como *chakravartin* es algo muy infrecuente; que una persona se convierta en un Buda es muy raro. Un *chakravartin* de por sí, ya es raro; un buda de por sí, ya es raro —pero la combinación de un *chakravartin* que se convierte en un buda es extremadamente insólita. Ni en esta vida, ni en muchas vidas, te volverás a cruzar con una persona como yo, así que, no te preocupes. Yo soy una excepción —la excepción que confirma la regla. Puedes confiar en tus libros sin miedo a equivocarte. Sólo te equivocarán esta vez».

Vuélvete consciente. Cuanto más consciente eres, más estás por encima de las predicciones. Entonces, vives cada momento en libertad —poder significa libertad. Poder significa estar libre de los karmas pasados; poder significa que has dejado de estar dominado por el pasado. El pasado ya no ejerce ningún poder sobre ti; cada uno de tus momentos es libre del momento pasado. Cada uno de tus momentos es nuevo, joven, virgen, y nunca crea un cautiverio para el momento que le seguirá. Cada uno de tus momentos se mantiene impoluto, puro, cristalino como el agua clara. Vives en total libertad.

Vivir en la ley de la necesidad es vivir en cautiverio. Eso es lo que *samsara* significa —cautiverio, encierro. Ése es exactamente lo que representa la ley del karma. En realidad, la idea de Pitágoras de la ley de la necesidad la sacó de la ley del karma; es el nombre que él le da a la ley del karma. La ley del karma dice que todo lo que hayas hecho en el pasado, todavía te está dominando. Que eres poseído por el pasado muerto; que eres manipulado por el pasado muerto. Que todo lo que hayas hecho ayer se ha convertido en un patrón, en una estructura, en un carácter, y hoy, simplemente lo estás repitiendo. Que repitiéndolo, estarás cumpliéndolo. Así, mañana será más fuerte, y pasado mañana más fuerte aún. Que si, vida tras vida, sigues repitiendo una determinada cosa, acaban creándose surcos en tu mente —y, entonces, se convierte en una absoluta necesidad. Que vives, simplemente, como un robot.

Gurdjieff solía decir que el hombre es una máquina. Es verdad. A no ser que te conviertas en un buda, eres una máquina. ¿Qué significa la palabra «buda»? «Buda» es el apelativo que se le adjudica a aquel que está despierto, consciente.

Vuélvete consciente. El hombre de conciencia carece de carácter. Puede que esa afirmación te sorprenda: cuando digo que el hombre de conciencia carece de carácter —lo digo en un sentido completamente distinto a lo que tú entiendes. Significa que no tiene un pasado, una estructura, un patrón, que le domine. Es pura libertad. Es inocente. Responde al momento, sin respuestas preconcebidas, porque si una respuesta es preconcebida no es, en absoluto, una respuesta, sino una reacción. Refleja el momento tal como es, y en ese reflejar, actúa.

La persona inconsciente reacciona; la persona consciente actúa. Y si actúas conscientemente y con totalidad en el momento, no creas karma alguno. No creas ninguna estructura. Siempre te mantienes libre; siempre vas moviéndote más allá del pasado. Vas deslizándote del pasado como una serpiente se desliza de su vieja piel.

Entonces la vida adquiere una enorme belleza —porque entonces, hay poder. Pero el poder no es tuyo, así que, no existe posibilidad alguna de delirios del ego. El ego viene del pasado; forma parte de la ley de la necesidad. El ego es tu carácter, bueno o malo, pero el ego es la prisión que te mantiene cautivo. El ego surge de todo tu pasado.

Piénsatelo un momento: si no tienes pasado, ¿quién eres? De repente, todo el edificio del ego colapsa. El hombre de poder, en realidad, no es poderoso en sí mismo: no es más que un vehículo del poder del todo. Él no lo reivindica. Simplemente funciona como un representante del todo. Él es completa libertad y dicha. No conoce fronteras, es infinito. Para él, el espacio y el tiempo ya no tienen importancia. Ha transcendido el espacio y el tiempo.

Eso es lo que significa estar iluminado. Desaparecer como carácter, desaparecer como persona, desaparecer como ego... y convertirse en uno con el todo: *Unio Mystica*. En esa unión mística... y tú ya no estás ahí, está el *todo*. Y el *todo* es poder.

El puente que va de la necesidad al poder es la conciencia. En lo que sea que estés haciendo, vuélvete más y más consciente, entrar en el mundo del poder, en el radiante mundo del poder, el luminoso mundo del poder es tu derecho de nacimiento.

Cuando hablas de la conciencia, parece como si eso fuera lo único que se necesita para guiar las acciones de uno. ¿Quiere decir eso que el asesinato, la violación y el robo sólo están mal si se hacen sin conciencia?

Sí —no hay más pecado que la inconciencia, ni más virtud que la conciencia. Pecado es aquello que no puede hacerse sin inconciencia. Virtud es aquello que sólo puede hacerse a través de la conciencia. Si eres consciente, es imposible cometer un asesinato; es imposible ser violento en modo alguno —si eres consciente. Es imposible violar, robar, torturar —esas cosas son completamente imposibles si hay conciencia. Sólo cuando prevalece la inconciencia, en la oscuridad de conciencia, entran en ti toda clase de enemigos.

Buda dijo: «Si hay luz en una casa, los ladrones la evitarán; si el vigilante está despierto, los ladrones ni siquiera lo intentarán. Si en la casa hay gente hablando, caminando, si todavía no se han ido a dormir, los ladrones no tendrán ninguna posibilidad de entrar, ni se les ocurrirá».

Contigo sucede exactamente lo mismo. Tú eres una casa con las luces apagadas. El estado ordinario del hombre es el de funcionamiento mecánico, *Homo mecánicus*. Lo único que tienes de ser humano es el nombre —aparte de eso, no eres más que una máquina entrenada, una máquina eficiente, pero todo lo que hagas estará mal. Y recuerda, estoy diciendo todo lo que hagas — si eres inconsciente, ni si quiera tus virtudes serán virtudes. ¿Cómo vas a ser virtuoso si eres inconsciente? Detrás de tus virtudes surgirá un gran, un enorme, ego —acabará siendo así. Incluso tu santidad, practicada, cultivada con gran esfuerzo y tesón, será inútil porque no aportará simplicidad, no aportará humildad, no aportará esa gran experiencia de lo divino que sólo ocurre cuando el ego ha desaparecido. Vivirás la respetable vida de un santo, pero interiormente será tan pobre como la de cualquiera —estará podrida, su tendrá una existencia interior sin sentido. No será vida, sólo será vegetar. Tanto tus pecados como tus virtudes serán pecados. Tanto tu inmoralidad como tu moralidad será inmoralidad.

Yo no enseño ni moralidad ni virtud —porque sé que esas cosas, sin conciencia, no son más que fingimiento, hipocresía. Te hacen falso. No te liberan, no pueden liberarte. Al contrario, te encarcelan.

Sólo hace falta una cosa. La conciencia es la llave maestra que abre todas las cerraduras de la existencia. Conciencia significa que vives *momento a momento*, alerta, consciente de ti mismo, y de todo lo que ocurre a tu alrededor, en una respuesta *momento a momento*. Eres como un espejo. Eso es lo que Pitágoras quiere que entiendas: como un espejo, reflejas, y reflejas tan totalmente que todo acto que nace de ese reflejar es correcto porque encaja, está en armonía, con la existencia. En realidad, no lo haces tú, surge en ti. Surge en el contexto total. La situación, tú y todo está involucrado en ello. De esa totalidad nace el acto —no es tu acto. Tú no has decidido hacerlo así, no es tu decisión, no es tu pensamiento, no es tu carácter. No estás haciéndolo tú, sólo estás dejando que ocurra.

Es como si, caminando de madrugada, antes del amanecer, te cruzas con una serpiente en el camino —no hay tiempo para pensar, sólo puedes reflejar. No hay tiempo para decidir lo que tienes o no tienes que hacer. Saltas inmediatamente —en el más estricto sentido del término «inmediatamente»— no se pierde ni un solo momento, inmediatamente, saltas apartándote. Más tarde, puedes sentarte debajo de un árbol y pensar en lo que ha ocurrido, en cómo lo has hecho, y puedes darte palmaditas en la espalda por haberlo hecho bien. Pero en realidad no lo has hecho tú —ha ocurrido. Ha ocurrido del contexto total. Tú, la serpiente, el peligro de muerte, el esfuerzo de la vida para protegerse a sí misma y otras mil y una cosas, todo está involucrado. Lo que provocó el acto fue la situación total. Tú sólo has sido un médium.

Pues bien, este acto encaja. Tú no eres quien lo hace. Hablando de forma religiosa, uno podría decir que lo ha hecho Dios a través de ti. Pero sólo sería una forma de hablar religiosa, nada más. El todo ha actuado a través de la parte.

Eso es virtud. Nunca te arrepentirás de ello. Y es un acto realmente liberador. Una vez que ha ocurrido, se ha acabado. De nuevo eres libre para actuar; esta acción no se quedará rondando en tu cabeza. No entrará a formar parte de tu memoria psicológica; no dejará ninguna herida en ti. Ha sido tan espontánea que no dejará ningún rastro en ti. Este acto nunca se convertirá en un karma. Este acto no dejará ni un arañazo en ti. El acto que se convierte en un karma, en realidad, no es un acto, sino una reacción que procede del pasado, de la memoria, del pensamiento. El que decide, el que elige, eres tú. No desde la conciencia, sino desde la inconciencia. Entonces, todo es pecado.

Para mí, la conciencia lo es todo. Yo enseño conciencia.

Platón, intentando expresar el significado del proceso de aprendizaje, contó la parábola de la cueva. Uno de los presos encadenados en una cueva subterránea, que sólo había percibido la ilusoria sombra del mundo real, es desencadenado y liberado para adentrarse en la luz.

Al salir de la cueva, el brillo del sol lo ciega, por un momento, desea regresar. Pero luego se da cuenta de que, para un hombre, la única forma digna de vivir es a la claridad de la luz, viendo las cosas tal como son. Aunque al principio, cegado por la luz, desea regresar, decide dejar atrás la cueva de las sombras y su mundo ilusorio. Pero al ver, al volverse consciente, al percibir claramente, se da cuenta de que debe regresar y liberar a los demás para que vean más allá del velo ilusorio que los encadena y los mantiene cautivos en un mundo irreal.

En cuanto te vuelves consciente, no sólo se transforma tu vida, inmediatamente, tú empiezas a funcionar de una forma diferente. Empiezas a ayudar a los demás a ser transformados. Porque, cuando has visto la luz de la conciencia, cuando has salido de la cueva de la mente inconsciente, te quedas sorprendido al ver que todo lo que habías conocido antes no era real —no era más que sombras de lo real. Habías tenido sueños acerca de lo real. Y cuando has visto la luz, quieres compartirla. Quieres regresar a la cueva y liberar a los otros prisioneros. Eso es lo que todos los grandes maestros han estado haciendo a través de los tiempos.

Eso es lo que hizo Pitágoras. Él se volvió libre —libre de la cueva. Al principio, la luz te deslumbrará. Sentirás que te duelen los ojos —eso forma parte del crecimiento. Al principio, surgirá en ti el deseo, un deseo fuerte, de regresar a la oscuridad, porque te has acostumbrado a ella; era tranquilizadora. Pero en cuanto has visto un poco de realidad, ya no puedes regresar; has traspasado el punto de retorno. Tendrás que vivir en la luz. Tendrás que aprender a absorber la luz, porque la realidad es maravillosa. Desde la experiencia de lo real, la vida se vuelve religiosa. Desde la experiencia de lo real, no puedes actuar como antes lo hacías.

Sé por qué ha surgido la pregunta —porque has intentado no enfadarte, lo has decidido muchas veces, pero todavía ocurre. Has intentado no ser codicioso, pero, una y otra vez, sigues cayendo en la trampa. Has intentado todo tipo de cosas para cambiar, pero nunca ha ocurrido nada. Sigues igual. Y yo estoy aquí diciendo que hay una llave sencilla —conciencia. No lo puedes creer. ¿Cómo es posible que la conciencia, simplemente la conciencia, funcione cuando ninguna otra cosa ha servido de nada?

Las llaves siempre son muy pequeñas: no son objetos grandes. Una llave pequeña puede abrir una cerradura muy grande. ¿Por qué la conciencia funciona como una llave?

Alguien, profundamente dormido, está viviendo un sueño, una pesadilla, está siendo torturado, está siendo asesinado. Y, por supuesto, está luchando, defendiéndose, tiene mucho miedo y quiere que alguien venga a salvarle. No encuentra ninguna forma de escapar. Está completamente rodeado de enemigos con las espadas desenvainadas. La muerte parece segura. Por el propio dolor de la pesadilla, se despierta tembloroso, sudoroso. Aunque su respiración todavía no es natural, aunque todavía está sudando y temblando, empieza a reírse. No hay ningún problema... ¡el sueño ha desaparecido! Todos esos enemigos y sus espadas desenvainadas no eran reales. No tiene que pedir socorro; no necesita defenderse. No era más que un mundo de sombras. Una vez despierto, el sueño ha desaparecido por completo — y en el sueño intentaba protegerse de todas las formas posibles y le resultaba imposible. Eso es lo que te pasa a ti, a todo el mundo.

La ira es una sombra. Luchando contra una sombra no se puede salir victorioso. La codicia es una sombra... esas cosas no son reales. Lo real es lo que permanece incluso cuando ha venido la conciencia. Y ése es el milagro: aquéllos que han conocido la conciencia no sabido nada de la ira o la codicia. No es que se deshagan de ellas, ¡simplemente no las encuentran! Cuando hay luz, la oscuridad desaparece.

Se cuenta que cuando Buda se iluminó, lo primero que hizo fue sonreír y decir: «¡Es increíble! ¿Así que he estado iluminado desde el principio, y todas esas cadenas y toda esa prisión sólo eran sueños?».

Cuando la gente le preguntaba: «¿Qué tenemos que hacer para no sentir ira, o para no sentir codicia, o para no estar tan obsesionados con el sexo o la comida?". Su respuesta era siempre la misma: sé consciente. Trae conciencia a tu vida. Su discípulo, Ananda, viendo que la receta del doctor siempre era la misma para todo tipo de personas y para todo tipo de problemas, se sintió perplejo. Le preguntó: «¿Qué ocurre contigo? Vienen personas con diferentes tipos de enfermedades. Unos, con codicia, otros, con lujuria, otros, con gula y otros, con otras cosas distintas. ¡Pero tu receta siempre es la misma!».

Buda le contestó: «Sus enfermedades son diferentes, como los sueños que la gente puede tener son diferentes». Aquí están ustedes: si todos ustedes, las dos mil personas que hay en esta audiencia, se quedan dormidos, tendrán dos mil sueños. Recuerda que no puedes invitar a nadie a compartir tu sueño. Los sueños son muy privados; no se pueden compartir con nadie, ni siquiera con tu mujer o tu marido. Dos mil personas tendrán dos mil sueños. Pero si vienes a mí y me preguntas cómo deshacerte de este sueño, la medicina será la misma: ¡Despierta! No será diferente; la receta será la misma. Puedes llamarlo conciencia, puedes llamarlo presenciar, puedes llamarlo recordar, puedes llamarlo meditación —sólo son diferentes nombres para la misma medicina.

Actúa con más conciencia.

Un hombre regresaba del trabajo a casa en tren. Al poco de partir, acunado por el traqueteo del tren, se quedó dormido. De repente, el tren se paró entre dos estaciones por una señal de emergencia. En ese momento, el hombre despertó y pensó que el tren había llegado a su destino. ¡Se levantó, salió apresuradamente por la puerta y cayó a las vías! Tembloroso y magullado, otros viajeros lo ayudaron a regresar al vagón.

Se quitó el polvo, se arregló la corbata, se secó la sangre de la nariz, y exclamó: «¡Qué estúpido de mi parte salir por el lado equivocado!». Y sin más, salió por la otra puerta por donde venía otro tren.

El único problema con el hombre es que está profundamente dormido —¡con los ojos abiertos! Por eso, ni siquiera eres consciente de que no eres consciente. Tus ojos están abiertos y estás soñando mil y un sueños, mil y un deseos. No estás aquí-ahora —eso es lo que significa no ser consciente. Estás en el pasado, en tus memorias —que es un sueño. O estás en el futuro, en la imaginación —que también es un sueño.

¡Estate ahora, aquí!

Si el pasado está ahí, no eres consciente. Si el futuro está ahí, no eres consciente. Conciencia significa **en presencia del presente**. Simplemente, estate en este momento. Si pasan pensamientos por tu mente, aunque sólo sea uno, no eres consciente. Estar en un proceso de pensamiento es estar dormido. Estar despierto significa no estar en ningún proceso de pensamiento. Y esa cristalina pureza de estar aquí, de estar ahora... ¿Cómo vas a cometer ningún pecado? En esa claridad, el ego desaparece —y lo que trae todo tipo de problemas a la vida es el ego.

El ego es violento. Si intentas volverte humilde, puede que acabes volviéndote humilde pero, detrás de tu humildad, estará escondido el ego. A no ser que te vuelvas consciente, el ego seguirá, jugará nuevos juegos. Los juegos cambiarán; podrás pasar de una celda de la prisión a otra —sólo eso—, pero no saldrás de la prisión.

La única forma de salir de la prisión es estando completamente alerta. En esa alerta, te vas cristalizando, te vas centrado. Y según te vas centrando, te vas acercando al núcleo de la realidad. Y esa experiencia es tan maravillosa que ya no puedes seguir siendo un ladrón —porque todo lo que necesitas, todo lo que siempre has deseado, se ha cumplido. En realidad, nunca habías llegado a pedir tanto como lo que estás recibiendo, viniendo por sí solo. ¿Quién querría ser un ladrón? ¿Para qué? ¿Quién querría matar? ¿Para qué? Matar es algo que ni siquiera puedes imaginar, porque ahora sabes que nada puede ser matado, que todo es eterno. Es un esfuerzo inútil. No puedes matar nada. Lo más que puedes hacer es quitarle la ropa, pero el ser interior continúa. Una vez que has visto tu propio ser interior, a la luz de la conciencia, has visto el ser de todo. La muerte es una falsedad. La muerte sólo ocurre en sueños, no en verdad, no en la realidad.

¿Cómo vas a violar cuando eres consciente? La conciencia trae consigo un tremendo amor, y una persona amorosa no puede violar. La violación sólo es posible cuando la persona nunca ha conocido el amor. Y, recuerda, los violadores no son los únicos que violan: puede que seas un buen marido y una buena esposa, casado legalmente y todo eso, y puede que en su relación no haya otra cosa que violación. Si eres inconsciente no puede haber otra cosa; tu relación será la de un violador. Puede que estés violando de una forma legal, autorizada, aprobada por la sociedad, pero esa no es la cuestión. Si tu esposa hace el amor contigo porque su obligación como esposa es hacer el amor con su marido cuando éste quiera, es una violación. Ella realmente no tiene ningún interés —es una violación. Simplemente está cumpliendo su obligación de esposa. Si estás haciendo el amor con tu mujer y no estás totalmente presente en ese momento, es una violación. Tu mujer te está violando; tú la estás violando a ella.

El amor sólo es amor cuando es meditativo. El amor sólo es amor cuando, por ambos lados, hay una gran conciencia. Dos *ahoras* encontrándose, dos *aquíes* encontrándose; dos presencias fusionándose, disolviéndose, la una en la otra —entonces, es amor, entonces, tiene una calidad espiritual.

Pero, has aprendido a vivir sin conciencia. Sabes moverte sin conciencia; sabes dónde están las puertas de tu casa, las habitaciones, y has aprendido toda clase de habilidades… Puedes conducir hasta la oficina y regresar, y no tienes que ser consciente. Puedes hacer esas cosas mecánicamente. Y de esa *macanicidad*, surgen todos los pecados. Tu vida se convierte en un infierno. Infierno es no estar en el presente, y paraíso es estar en el presente.

Un granjero de Arkansas envió a su hijo a Nueva York.

El señor Campbell empujó la puerta con su bastón con mago de oro. Él, el director y yo entramos en silencio. Era cierto, en la cama había una pareja desnuda tumbados boca arriba. «¿Qué ocurrió entonces?», preguntó el padre.

El señor Campbell, enseguida, se dio cuenta de que había un problema. El hombre tenía una gran erección.

«¿Y qué ocurrió entonces?». Volvió a preguntar el padre. El señor Campbell, como de costumbre, estuvo a la altura de la situación. Con mucho estilo, como si estuviera ejecutando un *swing* de golf, le propinó un tremendo golpe en la polla con el mango de oro de su bastón.

«¿Qué ocurrió entonces?». preguntó de nuevo el padre.

«Verás, papá —le contestó el hijo—. Se montó la de Dios. ¡Nos habíamos equivocado de habitación!».

Y eso es lo que está ocurriendo: estás en la habitación equivocada. Siempre estás en la habitación equivocada —y el nombre de esa habitación equivocada es **inconciencia**. Y todo lo que hagas, bueno o malo, respetable o *irrespetable*, a fin de cuentas, da igual —porque estás en la habitación equivocada, y en la habitación equivocada no puedes hacer nada correcto. En la habitación equivocada, aunque te conviertas en un santo, estarás, exactamente, en la misma habitación que el pecador. Aunque te vuelvas muy moral —aunque no seas ladrón ni violador ni asesino—, si estás en la habitación equivocada, seas lo que seas, no puedes ser correcto.

Tu estado mental ha de ser transformado por completo —eso es lo que significa conciencia. Si estás en el pasado o en el futuro, significa que estás en la mente. Mente es el nombre de la habitación equivocada. ¡Sal de la mente! Estate en el presente... cuando estás en el presente, no formas parte de la mente. Entonces, cada acto adquiere una claridad enorme, porque te has convertido en un espejo. En un espejo sin polvo, porque no hay ningún pensamiento.

Eso es todo lo que yo enseño: cómo estar alerta, cómo estar consciente. Cómo estar, y sin pensamientos —entonces, la vida empieza a cambiar por sí sola. Yo no enseño pacifismo. Durante siglos se ha estado enseñando pacifismo; sin embargo, la gente no es, para nada, pacifista. En realidad, los países en donde la gente es más violenta son aquellos en los más se ha enfatizado en el pacifismo. En India, todos los días, de una forma u otra, estalla la violencia —bajo cualquier excusa se quemarán autobuses, se asesinará gente y la policía tendrá que abrir fuego sobre la masa. ¡Todos los días! Ya no es, en absoluto, noticia —no es nada nuevo, ¿cómo va a ser noticia? Puedes estar seguro de que, en alguna parte del país, ocurrirá.

Otro amigo ha preguntado: ¿Por qué hay tanta violencia pública en India? Es debido a la enseñanza del pacifismo. Durante cinco mil años se le ha estado enseñando pacifismo a la gente; han aprendido a fingir. Y lo único que han conseguido ha sido reprimir su violencia. Están sentados sobre volcanes —cualquier excusa, cualquier pequeña excusa, hace saltar la chispa la violencia, que se extiende como un fuego incontrolado. En los disturbios entre hindúes y musulmanes, puedes ver la verdadera cara de la gente de este país —asesina. Y el día anterior, el hindú estaba rezando en el templo y el musulmán estaba rezando en la mezquita, uno estaba leyendo los Vedas y el otro el Corán, y parecían muy píos. En cuanto hay disturbios, toda esa piedad, simplemente, se evapora como si nunca hubiera existido, y están dispuestos a matar, a violar... ¡están dispuestos a hacer cualquier cosa! La violencia estalla una y otra vez porque la enseñanza errónea que se imparte está basada en la represión. Siempre que reprimes algo, vuelve a surgir una y otra vez.

Yo enseño conciencia, no represión. Por eso no hablo de pacifismo. Yo no te digo: «No seas violento». Lo único que te digo es: «¡Estate alerta, sé consciente!». Hagas lo que hagas, hazlo con mucho cuidado, muy meditativamente, estando completamente presente, involucrado, en ello; que no sean, simplemente, gestos vacíos. Tu presencia está ahí —y la misma presencia trae consigo un cambio alquímico. Nunca reprimirás, nunca te sentarás sobre un volcán. Y según te vayas volviendo más consciente, tu vida se irá acercando al silencio, a la paz, al amor. Ellos son los productos de la conciencia.

A menudo, dices que la mente es un espacio erróneo, y también dices que la ciencia sería una parte esencial en un mundo nuevo. ¿Se puede hacer ciencia sin mente? Por favor, explícalo.

La verdadera ciencia siempre se ha hecho sin mente. Todo lo realmente importante en la ciencia no ha venido a través del intelecto, sino a través de la intuición. Todos los grandes descubrimientos, todos los grandes adelantos, han venido del más allá —desde Arquímedes hasta Albert Einstein. ¿Conoces la famosa historia de Arquímedes? El descubrimiento ocurrió en la bañera, mientras se daba un baño, de repente, en ese estado de relajación... Llevaba varios días muy preocupado —el rey del país le había pedido que resolviera un problema: tenía una hermosa corona de oro y quería saber si era de oro puro o tenía mezcla de algún otro metal. Y quería que le diera la respuesta sin que la corona fuera dañada.

Claro, eso planteaba un problema: ¿cómo saber si era oro puro o si estaba mezclado con otro metal? Arquímedes se estaba devanando los sesos; no pudo dormir durante varias noches. Estaba perdiendo toda esperanza de encontrar una solución. Pero sucedió...

La bañera estaba llena. Cuando él entró en ella, observó que una parte del agua se salía de la bañera y, como un destello, como un relámpago, le vino la idea: «El agua que se sale de la bañera tiene que tener alguna relación con mi peso». La cosa encajó. «Entonces, si ponemos una onza de oro puro en una bañera llena de agua, se saldrá una determinada cantidad de agua, y... de esa forma, pudo establecer la cantidad y la calidad del oro en la corona».

Estaba tan emocionado, su éxtasis era tan grande, que se olvidó por completo de que estaba desnudo, y salió a la calle gritando: «¡Eureka! ¡Eureka! ¡Lo he encontrado! ¡Lo he encontrado!».

Fue una visión, no una conclusión intelectual.

¿Sabías que Albert Einstein solía pasarse horas en la bañera? —¡puede que influenciado por Arquímedes! Uno de los grandes intelectuales indios, el doctor Ram Manohar Lohia, en cierta ocasión, fue a visitarlo —esta historia me la contó él mismo. Fue uno de los políticos más honestos que ha habido India, y un entusiasta observador de las cosas, un gran visionario, un genio. Se había educado en Alemania, así que tenía muchos amigos que conocían a Albert Einstein. El encuentro lo prepararon unos amigos comunes.

El doctor Lohia llegó a la hora en punto, pero la mujer de Albert Einstein le dijo: «Tendrá que esperar, está en la bañera, y cuando está en la bañera, nunca se sabe cuándo saldrá».

Esperó media hora, una hora y, finalmente, el doctor Lohia le preguntó a la mujer: «¿Sabe usted cuánto puede tardar?». Ella respondió: «Es impredecible».

El doctor Lohia le preguntó: «¿Qué hace cuando está en la bañera?».

La mujer se echó a reír. Luego, le dijo: «Juega con las pompas de jabón». «¿Cómo es eso?», preguntó el doctor Lohia.

Ella le explicó: «Siempre que ha llegado a ciertas percepciones en cosas que llevaba mucho tiempo pensando y que no podía resolver, ha sido jugando con las pompas de jabón. Esas percepciones siempre le vienen a la mente cuando está en la bañera».

¿Por qué en la bañera? Porque estás relajado, y la relajación es la base de la meditación. Te relajas —cuando te relajas, todas las tensiones desaparecen. El agua caliente, el silencio del cuarto de baño, y tu soledad... Y ahora en Occidente, los cuartos de baño se hacen son tan bonitos que casi parecen templos. Hay personas que han empezado a hacerse espacios para estar sentado en el cuarto de baño. Es muy hermoso —uno puede relajarse, puede meditar. Es en ese estado meditativo, en el que ocurren las ideas. La bañera siempre ha sido una gran provocadora. Todos los grandes científicos del mundo están de acuerdo en ello. Algunas veces, se pasan años trabajando, intentando llegar a alguna conclusión, y no llegan, pero un día, de repente, ahí está... como salida de la nada, del más allá. No se puede decir que se trate de una conclusión; no lo es en absoluto.

Escribes: *Dices que la mente es un espacio erróneo, y también dices que la ciencia sería una parte esencial en un mundo nuevo.*

Sí. La ciencia siempre sale de la meditación, no de la mente. Lo que algo sale de la mente no es ciencia sino de tecnología. La tecnología en sí es pobre; no es la percepción, sino la aplicación de la percepción. La tecnología sale de la mente porque la propia mente es un instrumento tecnológico, tecnología biológica. Todas las máquinas salen de la mente, porque la propia mente es una máquina. Pero, de la mente, nunca saldrá ninguna percepción, un ordenador nunca podrá dar una percepción.

La percepción viene del más allá. La mente no es más que la superficie de tu ser; la percepción viene del centro de tu ser. Y lo que te lleva al centro es la meditación.

Así que, en mis declaraciones no hay ninguna contradicción. Cuando digo que la mente es un espacio erróneo, lo que te estoy diciendo es que no te identifiques con la mente. Que no te conviertas en tu mente —tú eres más, mucho más, que la mente. La mente no es más que un pequeño mecanismo en ti: utilízalo, pero no te identifiques con él. Igual que cuando conduces tu coche —es un mecanismo, lo utilizas—, pero no te conviertes en el coche. La mente es un mecanismo que hay en ti, pero no te identifiques con ella, no es necesario. Esa identificación produce un espacio erróneo.

Cuando piensas: «Yo soy la mente», estás en un espacio erróneo. Pero, cuando sabes que no eres la mente, sino su amo, y que, por lo tanto, es algo que puedes usar, la mente es un instrumento magnífico, de un inmenso valor. Puede producir gran tecnología.

La ciencia, al igual que la religiosidad, se origina en la no-mente. La verdadera religión y la ciencia no vienen de fuentes distintas —es la misma fuente, ambas dependen de los adelantos, de las percepciones, de los destellos intuitivos.

La tecnología es producto de la mente, también la tecnología religiosa —el yoga, el mantra, el *yantra* —es producto de la mente. El yoga son posturas —creadas por la mente— que pueden ayudarte a profundizar en ti mismo. Es tecnología religiosa. Por eso, el yoga no forma parte de ninguna religión en particular. Puede haber yoga cristiano, yoga hindú, y, por supuesto, hay un yoga budista y un yoga jainista —puede haber tantos yogas como religiones. El yoga es, simplemente, una tecnología. Las máquinas no son hindúes ni musulmanas. Cuando vas a comprar un coche, no pides que sea musulmán, o hindú. Los aparatos sólo son aparatos. El yoga es tecnología. El mantra es tecnología, es producto de la mente. De hecho, el término «mantra» procede de la misma raíz que el término «mente» —ambos proceden del término sánscrito *man*. Una rama derivó hacia el término «mente» y otra hacia el término «mantra» —ambas cosas forman parte de la mente.

Tanto la tecnología científica como la tecnología religiosa son producto de la mente. Todos los rituales de la religión —templos, mezquitas, iglesias, oraciones, escrituras—, todo es producto de la mente. Pero el destello, la percepción... Buda sentado bajo el árbol Bodhi —cuando por primera vez se volvió consciente, tan plenamente consciente que en su mente no crecía nada. No era parte de la mente, era algo superior.

Es algo que no tiene nada que ver contigo, con tu ego, con tu mente, con tu cuerpo. Es algo puro, virgen, es parte de la eternidad. En ese momento, cuando la mente de Buda estaba completamente descansada, el más allá penetró en él. Se convirtió en un dios. Por supuesto, durante siete días permaneció en silencio. El impacto fue tal que no pudo pronunciar ni una sola palabra. Y cuenta la leyenda que eso molestó mucho a los dioses en el cielo, porque es muy raro que un humano se convierta en un buda, si permanece en silencio, ¿quién iba a enseñar a los millones de personas ciegas que van a tientas en la oscuridad?

Sólo es una leyenda, una bonita historia, pero con un importante significado. Aquellos dioses vinieron, se inclinaron ante Buda y le rogaron: «¡Habla! Cuéntale a la gente lo que has alcanzado».

Y cuando Buda lo contaba, era producto de su mente, era parte de la mente. El fenómeno en sí había ocurrido en silencio, pero para contarlo tenía que usar palabras. Esas palabras son producto de la mente.

Lo que yo sé transciende la mente. Lo que yo digo, lo digo a través de la mente. Mis palabras son producto de la mente, pero mi saber no es producto de la mente.

La mayoría de nosotros sólo ha conocido a Pitágoras por su teorema de los triángulos de ángulo recto: el cuadrado de la hipotenusa es igual a la suma del cuadrado de los catetos. ¿Alberga eso algún significado místico?

Por este teorema, y sólo por este teorema, se ha malinterpretado a Pitágoras durante siglos. En Occidente, la gente se ha olvidado por completo de que era un buda. La única imagen que tiene de él es la del gran matemático. En los libros de historia se le menciona como un gran matemático. En la escuelas, los institutos y las universidades sólo se le recuerda por este teorema.

El teorema acabó teniendo un resultado fatal. Habría sido mucho mejor para todos que no lo hubiera descubierto —porque entonces habría sido conocido como místico. Y en lo que respecta al teorema, alguien lo habría descubierto. Esas cosas no pueden esperar mucho tiempo. Se dice que cualquier descubrimiento científico al final acabará siendo descubierto —puede que se tarde unos años más o menos. Incluso la Teoría de la relatividad de Albert Einstein, un fenómeno tan complejo —ahora se sabe con toda seguridad que si Einstein no la hubiera descubierto, cualquier otro lo habría hecho en los siguientes dos o tres años. ¿Por qué? Porque la ciencia es, más o menos, un fenómeno colectivo.

La religiosidad es individual, la ciencia es social. La religiosidad no tiene tradición, la ciencia es una tradición. Si ha surgido un Edison, tiene que acabar surgiendo alguien que lleve sus descubrimientos más lejos. Si ha surgido un Newton, tiene que acabar surgiendo un Einstein. Es el mundo de la causa y el efecto... una cosa lleva a la otra.

Pero en el mundo de la religiosidad no hay tradición posible. Si Buda no hubiera existido, no habría habido ninguna necesidad de que alguien descubriera lo que él descubrió. Si Jesús no hubiera existido, no habría habido necesidad de que alguien llegara a la misma puerta a la que llegó él. Es individual, completamente individual —eso es bonito de la religiosidad. No es una tarea social.

La ciencia puede seguir y seguir; depende del pasado. La religiosidad no depende del pasado. Einstein no habría existido sin Newton; Newton tiene que haber existido, es un eslabón necesario. Pero Buda habría existido aunque Krishna no hubiera existido —no es necesario ningún eslabón. Yo podría estar aquí aunque Buda no hubiera existido jamás —no es necesario ningún eslabón.

La religiosidad es entrar hacia dentro, hacia tu propio núcleo. La ciencia es salir hacia fuera a observar las leyes de la naturaleza; están al alcance de todo el mundo, así que, sólo es una cuestión de tiempo. Todo descubrimiento científico acabará aflorando.

Pero, por este teorema, Pitágoras se ha perdido —se le identificó demasiado con él, se hizo famoso como matemático. A pesar de que su realidad no era la de un matemático; eso sólo era un *hobby*. Las matemáticas sólo eran un *hobby* para él, como podría ser para Krishna tocar la flauta. Menos mal que la gente no ha olvidado que Krishna era un místico; es una suerte que la gente no lo recuerde sólo como flautista.

Eso es lo que ha ocurrido con Pitágoras. Es típico de Occidente. La mente occidental le da más atención a las cosas que se pueden usar en el mundo exterior. Su teorema era importante; sin este teorema, faltaría algo esencial en el mundo de la geometría. Él satisfizo una necesidad. En Occidente se considera que él es, básicamente, un matemático, y que el misticismo sólo era una excentricidad suya. La realidad era justo lo opuesto: su alma era el misticismo, las matemáticas sólo eran su *hobby*.

William Blake dijo: «El camino del exceso conduce al palacio de la sabiduría», y: «El hombre nunca sabe cuánto es suficiente antes de saber cuánto es demasiado». Yo creo que «el dorado medio» es el camino para aquéllos que ya están en la verdad, pero, para un buscador parece un camino de tramposos y cobardes. Por favor, comenta.

William Blake no se equivoca. Él es uno de los más grandes poetas místicos del mundo —no puede equivocarse. Cuando dice: «El camino del exceso conduce al palacio de la sabiduría», está en lo cierto. Pero el palacio de la sabiduría se llama «el dorado medio». El camino del exceso conduce al dorado medio.

Con eso, no estoy diciendo —tampoco Pitágoras— que haya que ser tramposo y cobarde. Lo único que queremos indicar es: recuerda que la meta es el dorado medio. Tú ya estás viviendo en el exceso, y no sólo en esta vida. Has vivido, en los caminos del exceso durante mucho tiempo, durante muchas vidas. Ya lo has vivido bastante —¿cuándo vas a despertar?

¿Acaso no has vivido en los caminos del exceso? Unas veces, comiendo demasiado, y otras, ayunando; unas veces, cayendo en la indulgencia, y otras, en el ascetismo —todo el mundo lo hace. Si hubieras dejado de hacerlo, ya te habrías iluminado. ¿Por qué no estás iluminado todavía? Por los excesos.

Te mueves como el péndulo de un reloj antiguo —de derecha a izquierda, de izquierda a derecha. Recuerda, cuando estás yendo hacia un extremo, lo que estás haciendo es tomar impulso, acumular impulso, para volver hacia el otro extremo. Es algo que se repite una y otra vez... Es un círculo vicioso.

Pitágoras está hablándole a buscadores; Pitágoras, al igual que yo, está hablando a discípulos. Discípulo es aquél que se ha cansado de los caminos del mundo y quiere tener una perspectiva nueva, una visión nueva.

Sí, Blake está en lo cierto —¡pero Pitágoras tampoco se equivoca! Hasta ahora, siempre has estado viviendo de acuerdo a lo que dice Blake. Pero no sigas moviéndote siempre en el mismo círculo vicioso. «El camino del exceso conduce al palacio de la sabiduría». Y bien, ¿dónde está el palacio de la sabiduría? ¡Llevas muchísimo tiempo viviendo en el camino del exceso! Ya debes haber llegado.

Puede que lleves una vida de extremos, y no te des cuenta. Hazte consciente de tus extremos. Si pones conciencia en tu vida y en tus actos, verás cómo, lentamente, los extremos van desapareciendo. El péndulo cada vez va yendo más despacio, ralentizándose. Sus oscilaciones cada vez van siendo menos amplias —se van acortando más. Hasta que, finalmente, un día, el péndulo se para justo en el medio. Cuando el péndulo se para en el medio, tú entras en la eternidad. Cuando el péndulo se para, el reloj se para, el tiempo se para; tú entras en la eternidad.

Lo que dice William Blake es cierto, pero lo que dice Pitágoras es mucho más cierto. William Blake sólo está hablando acerca del camino; Pitágoras te está diciendo algo acerca de la meta.

Y Blake dice: «El hombre nunca sabe cuánto es suficiente antes de saber cuánto es demasiado». ¿Pero todavía no sabes cuánto es demasiado? Medita en ello. No te escudes en Blake; estarías haciendo trampas. ¿Acaso no has vivido en los extremos, moviéndote constantemente de una polaridad a la otra? ¿Cuánto tiempo más necesitas seguir viviendo en ellos para darte cuenta? Además, ¿acaso crees que, simplemente viviéndolos, los conocerás? Tendrás que añadir algo más; tendrás que añadir contemplación, meditación. Sólo de esa forma podrás saber cuánto es demasiado y cuánto es insuficiente.

La meditación trae consigo equilibrio. Y el equilibrio es belleza, es música, es divinidad.

Todas las grandes palabras que hemos utilizado en Oriente para denominar lo supremo proceden de una misma raíz que significa equilibrio. *Samadhi*: viene de *sam* —*sam* significa equilibrio. *Sangeet*, música —también procede de *sam*, equilibrio. *Sambodhi*, iluminación —procede de *sam*. *Sam* significa equilibrio. El equilibrio es *samadhi*, el equilibrio es iluminación.

Has vivido suficiente para saber cuánto es suficiente y cuánto es demasiado. Sólo es una excusa para viviendo del mismo modo que has estado viviendo hasta ahora. Dices: «Yo creo que el dorado medio es el camino para aquéllos que ya están en la verdad».

Aquéllos que ya están en la verdad no necesitan ningún camino. Ya han llegado. No seas listo, no seas diplomático conmigo. No intentes encontrar caminos para escapar de la verdad. El camino no es para aquéllos que han llegado —obviamente. Ellos no necesitan ningún camino. El camino es para los que todavía no han llegado.

Y dices: «Pero para un buscador parece el camino de tramposos y cobardes». No lo es. Es el camino de la conciencia, no de los tramposos y los cobardes —porque ser cobarde es, otra vez, un extremo. Tanto los llamados valientes como los llamados cobardes son extremos. Y también la picardía es un extremo —el otro extremo de la simplicidad.

El dorado medio no es ni valentía ni cobardía —es conciencia. No es ni picardía ni simplicidad —es conciencia. Siempre es conciencia; el dorado medio tiene el sabor de la conciencia.

Pitágoras no te está diciendo: «Imponte algo de carácter». Simplemente te está diciendo: «Estate atento. Observa cómo te vas moviendo de un extremo a otro». Observa... y observando, encontrarás el dorado medio por ti mismo. No es algo que se aprenda de otros. Surgirá en tu propio ser, será un descubrimiento.

Además de místico, Pitágoras también era un gran matemático, ¿cómo es eso posible?

El hombre no es sólo lo externo, tampoco es sólo lo interno —es ambas cosas, y más. Es interno, es externo y, además, es trascendental. El hombre es un ser tridimensional. En el cristianismo esas tres dimensiones son representadas por medio de la Trinidad, y en el hinduismo por medio de «Trimurti», las tres caras de Dios. El hombre que sólo vive en una dimensión vive una vida parcial. Nunca conocerá la belleza de la totalidad, la dicha de la totalidad.

Vivir una vida parcial es vivir en la enfermedad, porque las partes que no se les permite expresarse están en constante lucha contigo. Ellas quieren expresarse. El ser negado se vengará de ti; saboteará tu vida. No te permitirá vivir pacíficamente; estarás en una guerra civil constante. Si niegas el cuerpo, el cuerpo se enfadará contigo. Si niegas el alma, el alma se enfadará contigo. Y una casa dividida contra sí misma no puede ser total, no puede estar en paz, no puede estar cómoda.

Por eso se ven a millones de personas en tan gran desdicha. Su desdicha se produce por que viven una vida fragmentaria. Sólo aceptan una parte de su ser, la mayoría de las partes son rechazadas. Es como si un árbol rechazara sus raíces porque no se las ve — el árbol empezaría a morir, las raíces se enfadarían. O, como si el árbol rechazara sus flores, su follaje, sus ramas, y sólo aceptara las raíces. Entonces no tendría sentido.

El hombre ha vivido de una forma parcial, de ahí la pregunta.

El hombre total estará arraigado en el cuerpo como un árbol en el suelo, y, como las ramas del árbol, crecerá hacia el cielo —entrará en el cielo interior. Y también tendrá algo más, algo que transciende a esta dualidad, una tercera dimensión.

La primera dimensión es muy visible, es material. Puede ser medida: es el mundo de las matemáticas, el mundo de la ciencia. La segunda, la interior, no es visible —es ambigua, nebulosa, misteriosa. Es una zona de penumbra, justo a medio camino entre el día y la noche. Está en la frontera entre lo material y lo supremo, entre una cosa y otra. Es el mundo de la poesía, del arte. Y la tercera es absolutamente invisible. Nadie la ha visto jamás, nadie podrá verla jamás porque es el mismísimo ser del propio observador. No puede ser reducido a objeto: es tu propia subjetividad. Es, siempre, el testigo, nunca lo presenciado. Es, siempre, el observador, nunca lo observado. Es el mundo de la mística: lo trascendental.

Un ser humano completo será un científico, un poeta y un místico. Pitágoras era un ser humano completo, un ser humano sagrado.

Cuando digo que un ser humano completo será las tres cosas juntas, por favor, no me tomes al pie de la letra. Uno no tiene que ser, literalmente, un científico para poder ser completo —pero su enfoque será científico. Puede que no seas un Albert Einstein, un Newton o un Edison. Buda no es un Albert Einstein, pero no obstante, su enfoque es científico; su enfoque es completamente científico. No permite ninguna superstición, no permite ningún enfoque ilógico. Será muy lógico, te guiará de una forma muy lógica, paso a paso, metódicamente.

Buda es tan científico como Albert Einstein; fíjate en sus palabras. Dice: «No creas en lo que digo hasta que no lo hayas experimentado. Hasta que no se haya convertido en tu propia comprensión, no me creas». Esto sólo lo puede decir una mente completamente científica. Dice: «No creas nada porque lo digan las escrituras. A lo mejor, las escrituras están equivocadas —¿quién sabe? Hasta que no te hayas convertido en un testigo de ello no habrá ninguna garantía de su verdad». Puede estar en los Vedas, en los Upanishads, pero no hace falta creer o no creer. ¡Experimenta, experiencia! Conviértete en un laboratorio —tu propio laboratorio. Porque hasta que tú no hayas llegado a la conclusión, todas las creencias no serán más que prejuicios, supersticiones, ilógicas, infundadas. La verdad creída es una mentira. La verdad experimentada es un fenómeno totalmente distinto. La verdad creída es una mentira. Ése es el enfoque de una mente científica.

Buda tampoco es un poeta en el sentido estricto de la palabra —nunca compuso poesía. ¡Pero es un poeta! Su manera de andar es poesía, su forma de mirar a la vida es poesía. Su forma de derramar compasión es poesía. Puede que él no sea un poeta en el sentido literal, estricto, pero él es pura poesía. Su existencia en sí es poética. La inmensa gracia que lo rodea, la infinita belleza que él vive, y el esplendor que ha traído a la Tierra... la Tierra no ha vuelto a ser igual. Antes de Buda era otra cosa, desde Buda es algo completamente distinto.

¿Qué es lo que Buda ha aportado al mundo? Él pertenecía al más allá pero caminaba sobre la Tierra. Él estaba encarnado igual que tú y que yo, pero había venido de la fuente suprema. Vivió aquí y ahora, pero como la fuente suprema. Su fragancia todavía está en el aire. Los que estén atentos todavía sentirán su presencia. Esa presencia es eterna.

Lo mismo pasa con Jesús, con Pitágoras... todos ellos son místicos, poetas y científicos. El verdadero ser humano será un ser humano total. Eso también forma parte de mi enseñanza: me gustaría que no fueras parcial, me gustaría que no estuvieras desequilibrado. No me gustaría que vivieras solamente en el cuerpo, o solamente en el alma. ¡Eso es lo que ha intentado hacer la gente! Y debido a ello, el hombre no se ha convertido en lo que tiene derecho a convertirse. El hombre no ha florecido, no ha brotado —no ha podido. A no ser que las tres dimensiones estén juntas, faltará algo. Y esa parte que falta siempre te perseguirá, siempre te producirá desdicha.

La parte que falta no te permitirá sentirte realmente satisfecho. La parte que falta no te permitirá sentirte agradecido con la existencia. La parte que falta no te permitirá liberar tu fragancia en forma de inmensa gratitud, agradecimiento —orar. No te permitirá rezar. Sólo una persona satisfecha puede rezar. Sólo una persona contenta puede rezar: el sentirse satisfecho es oración. La oración es el perfume de la satisfacción absoluta.

Vive en el cuerpo como lo hizo Epicuro. Vive en el alma como han intentado vivir siempre todos los místicos, pero no reniegues de Epicuro. Mi visión del ser humano completo incluye también a Epicuro, tanto como a Jesús, o a Zaratustra. Porque el poeta es el punto de encuentro en ti entre el místico y el científico, está justo entre los dos. Ahí es donde está el poeta —en los límites, en la frontera. Deja que tu poeta salga. Baila, canta, haz música. Vive una vida que esté arraigada en el aspecto científico, que tenga la gracia y la belleza de la poesía, y la profundidad del misticismo.

Pitágoras es un ser humano completo. Todo el mundo debería ser así.

Tu pregunta dice así: *Además de un místico, Pitágoras también era un gran matemático, ¿cómo es eso posible?*

Yo no soy un matemático, pero todo lo que te estoy diciendo es absolutamente matemático. Yo no soy un lógico, pero lo que te estoy diciendo es absolutamente lógico. Aunque mi lógica te ayude a trascender la lógica —a eso me refiero cuando digo «absolutamente lógico». Porque lo ilógico es tan parte de la vida como lo lógico. Una persona realmente lógica, también aceptará lo ilógico, porque está ahí, no puede ser rechazado.

Ser lógico implica aceptar también lo ilógico, entonces la lógica se convierte en un trampolín para lo ilógico. Entonces la lógica se convierte en un trampolín para el amor... y cuando todo en ti ha sido utilizado sin descuidar nada, te conviertes en una orquesta. Entonces eres una armonía de una gracia inmensa. Esa armonía es la meta.

Hace muchos años, antes de conocerte, me habría resultado muy fácil relacionarme con Pitágoras. Ahora, aunque me gustaría, algunas cosas, como su consejo de no enfadarse, me parecen muy moralistas y represivas. ¿Dónde me estoy perdiendo?

Siempre tienes que tener en cuenta una cosa: que el tiempo lo cambia todo —el lenguaje, las formas del lenguaje... ¡el tiempo lo cambia todo! Si Pitágoras regresara, te sería imposible relacionarte con él. Hablaría un idioma que ya no está en uso, y él tampoco podría entender tu idioma —habría un espacio de veinticinco siglos. Veinticinco siglos es mucho tiempo. De hecho, entre dos generaciones ya se crea un espacio;

entre tu padre y tú hay un espacio, un espacio que a mucha gente le resulta insalvable.

A los niños les resulta casi imposible relacionarse con sus propios padres. El espacio no es tan grande, puede que veinte años. Un espacio de veinte o veinticinco años es suficiente para que a los niños les resulte imposible comunicarse, para que los padres sientan que es imposible comunicarse con ellos. Si en veinticinco años el mundo ha cambiado tanto, ¡imagínate en veinticinco siglos!

Por eso necesitas que alguien de tu generación te transmita el significado de las palabras de Pitágoras. ¿Por qué estoy hablando de Pitágoras? Para que ese espacio de veinticinco siglos pueda ser salvado, para que Pitágoras pueda volver a convertirse de nuevo en una fuerza viva entre vosotros. Si intentas entender a Pitágoras directamente, te resultará completamente imposible entenderlo. Él habla un idioma completamente distinto, un idioma que ya ha desaparecido del mundo. Es el idioma de Patanjali, el idioma de Mahavira. Patanjali y Mahavira fueron prefreudianos. Utilizaron las palabras de una forma completamente distinta; nunca oyeron hablar de Freud. También Pitágoras utiliza el idioma de esa forma. Tendrás que tener un poco de paciencia.

Cuando él dice que no hay que enfadarse, no está hablando de represión tal como tú entiendes la palabra represión. Cuando dice que no te enfades, no te está diciendo que reprimas la ira; te está diciendo que trasciendas la ira. Que son cosas muy diferentes —y no es que haya una ligera diferencia, es que son diametralmente opuestas. Si intentas no enfadarte, estarás reprimiendo la ira. Si intentas trascender el enfado, no estarás reprimiendo la ira. Al contrario, tendrás que entender la ira; tendrás que observar la ira. La trascendencia está en la observación.

Si reprimes el enfado, la ira se aloja en tu inconsciente; te vas volviendo cada vez más venenoso. Eso no es bueno, no es sano; tarde o temprano, acabará volviéndote neurótico. Y cualquier día, la ira acumulada explotará, y entonces será mucho más peligrosa porque te será absolutamente imposible controlarla. Así que es mejor acabar con ella cada día en pequeñas dosis. Esas dosis son homeopáticas: si de vez en cuando estás enfadado, estate enfadado. Eso es mucho más sano que acumular la ira durante años y luego, un día, explotar. Entonces te superará; ni siquiera te será posible darte cuenta de lo que estás haciendo. Será una locura total. Puedes hacer algo tremendamente dañino, para ti mismo o para los demás; puede que te suicides o que asesines a alguien.

Pitágoras no está diciendo que la reprimas —ninguna persona iluminada puede decir jamás que la reprimas. Está diciendo que la trasciendas, que vayas más allá de ella. La trascendencia es un proceso totalmente distinto. En la trascendencia, ni reprimes ni expresas la ira.

Tú sólo sabes tratar con la ira de dos maneras: expresándola o reprimiéndola. Ninguna de las dos es la manera correcta de tratar con ella. No es la expresión, porque si la expresas provocas ira en el otro; entonces se produce una cadena. El otro la expresa y, de nuevo, tú te sientes provocado... ¿Dónde acabará? Además, cuanto más la expreses, más se va convirtiendo en un hábito, un hábito mecánico. ¡Cuanto más la expreses, más la estarás practicando! Cada vez te resultará más difícil salirte de ella.

Por miedo a que eso ocurra, surgió la represión: no expreses tu ira, porque eso traerá una gran desdicha para ti y para los demás —una desdicha sin límites. Te afea, crea situaciones desagradables en la vida por las que luego tienes pagar. Y el hábito, poco a poco, se va arraigando tanto que acaba convirtiéndose en tu segunda naturaleza.

La represión surgió por el miedo a la expresión. Pero si reprimes, estarás acumulando el veneno. Acabará explotando.

El tercer enfoque, el enfoque de la gente iluminada del mundo, no es ni expresar ni reprimir, sino observar. Cuando surja la ira, siéntate en silencio, deja que la ira rodee tu mundo interior, deja que la nube te envuelva, sé un observador silencioso. Mira... eso es ira.

Buda dijo a sus discípulos: Cuando la ira surja, escúchala, escucha su mensaje. Y recuerda una y otra vez, sigue repitiéndotelo: ira, ira... Mantente alerta, no te quedes dormido. Mantén la atención en que la ira te rodea. ¡Tú no eres la ira! Tú eres el que la observa. Y ahí está la clave. Cuando observas, te separas tanto de ella que no puede afectarte. Estás tan desligado, tan separado, tan calmado, tan lejano, a tanta distancia, que no parece importar en absoluto. De hecho, empezarás a reírte de todas las cosas ridículas que has hecho en el pasado —por esa ira. Tú no eres ella. Está ahí, fuera de ti. Está a tu alrededor. En cuanto dejes de identificarte con ella, dejarás de poner tu energía en ella.

Recuerda, somos nosotros quienes le damos energía a la ira, sólo entonces se vuelve vital. No tiene energía propia; depende de nuestra cooperación. Cuando observas no la estás alimentando; la cooperación se interrumpe. Seguirá estando ahí durante un momento, unos minutos, y luego desaparecerá. Al no encontrar raíces en ti, al no encontrarte disponible, al ver que estás muy lejos, que eres un vigía en el otero, se disipará, desaparecerá. Y esa desaparición es hermosa. Esa desaparición es una gran experiencia.

Al ver desaparecer la ira, surge una gran serenidad, el silencio que sigue a la tormenta. Te sorprenderá ver que cada vez que surja la ira, y puedas observarla, caerás en una tranquilidad como nunca antes habías conocido. Caerás en una meditación tan profunda... cuando la ira haya desaparecido te sentirás tan renovado, tan joven, tan inocente, como nunca antes te habías sentido. No estarás enfadado con la ira; le estarás incluso agradecido —por haberte dado un espacio nuevo y hermoso en el que vivir, una experiencia nueva y completamente fresca que experimentar. Has hecho de ella algo útil, la has convertido en un trampolín.

Eso es el uso creativo de las emociones negativas. Eso es a lo que quiere decir Pitágoras.

Recuerda, el lenguaje está cambiando constantemente.

La pequeña Caperucita Roja iba caminando por el bosque para ir a visitar a su abuelita, cuando de repente, de detrás de un árbol, apareció un lobo.

«¡Ajá! —dijo el lobo—. ¡Ya te tengo, y te voy a comer!».

«¡Comer! ¡Comer! ¡Comer! —dijo Caperucita Roja enfadada—. ¡Maldita sea! ¿Es que ya nadie hace el amor?».

El lenguaje siempre está cambiando... las metáforas cambian, los símbolos cambian. Las mismas palabras que antes significaban una cosa ahora significan otra completamente distinta.

Un hombre y una mujer soltera estaban asistiendo a una gran convención. Por error, les asignaron la misma habitación en el hotel. Como ambos eran personas maduras y sabían lo difícil que podía resultar solucionar ese asunto en tales condiciones de saturación, decidieron que lo más prudente sería aceptar la situación.

Cada uno de ellos eligió una cama y un armario y procedió a ignorar al otro con una especie de tacto y cortesía. Pero la segunda noche resultó ser más fría de lo que la mujer se esperaba. Se estaba helando. Vacilante le dijo al hombre: «¿Serías tan amable de pasarme una manta del armario?».

El hombre, que ya casi estaba dormido, pensó por un momento y luego dijo: «Escucha, como pareces muy amistosa, ¿qué te parece si, mientras estamos en la misma habitación, actuamos como marido y mujer?».

La chica se lo pensó, soltó una risita y dijo: «Bueno, podría estar de acuerdo».

Entonces el hombre dijo: «¡Bien! En ese caso, te digo lo que le diría a mi mujer, coge tu misma la maldita manta y déjame en paz».

Después de veinticinco siglos, no podrás entender directamente lo que Pitágoras dijo. Necesitarás a alguien que sea contemporáneo tuyo en el tiempo, y que también sea contemporáneo de Pitágoras en la eternidad — sólo entonces estas metáforas adquirirán un color nuevo, un significado nuevo.

Ésa ha sido la razón básica por la que a través de los tiempos, y especialmente en Oriente, las personas iluminadas se han dedicado a hablar acerca de otras personas iluminadas que les han precedido. Shankara habló de Krishna, en los Upanishads, en los sutras de Brama. Ramanuja habló de los antiguos iluminados. Vallabha también lo hizo. En Occidente siempre ha sido así, porque según va pasando el tiempo, el polvo se va acumulando. Los Upanishads fueron escritos en un mundo completamente diferente. Ese tipo de persona ya ha desaparecido, esa mente ya ha desaparecido, ese mundo ya no existe. Si algún visionario upanishádico os viera, se quedaría completamente pasmado; si pudieras visitar algún antiguo monasterio en sus tiempos —Nalanda, Takshila, o alguna antigua escuela de misterio como la de Pitágoras— te sería imposible entender lo que allí ocurriera, porque entendemos a través del lenguaje.

A no ser que puedas entender a través del silencio... el silencio es eterno, no cambia nunca, porque no forma parte del mundo humano. Si te vuelves profundamente silencioso, podrás entender a Pitágoras. En ese silencio, él comulgará contigo, tú puedes comulgar con él. De no ser así, te resultará difícil.

Puedo entender tu problema. Dices: «Hace muchos años, me hubiera resultado muy fácil relacionarme con Pitágoras». Porque has sido educado por una sociedad represiva —cristiana, hindú, jainista, da igual. Has sido educado por una sociedad represiva; por eso dices que antes de encontrarte conmigo, habrías entendido a Pitágoras. Pero en realidad no lo habrías entendido, lo habrías malinterpretado. Habrías pensado que enseñaba represión, la misma represión con la que tus padres te han educado. Habrías creído que se trataba del mismo tipo de persona que el sacerdote en la iglesia —Roma, Canterbury, la Meca; todos son represivos.

Los sacerdotes siempre han sido represivos. Sólo la persona iluminada puede darte libertad, porque no necesita esclavos. Los sacerdotes necesitan esclavos; no te pueden dar libertad. Tienen que hacerte que cada vez seas más cautivo. Se trata de un recurso psicológico: reprimir tus instintos naturales te mantendrá cautivo, y estarás tan enfermo que siempre necesitarás alguien en quien apoyarte. Te mantendrás tan ignorante que necesitarás guía, necesitarás líderes.

Si te hubieras encontrado con Pitágoras antes, no habría sido una verdadera comunión; habría sido falsa. Ahora te puedes relacionar, porque ahora estás otra vez con otro Pitágoras. Pero ahora te resulta difícil. Dices: «Ahora, aunque me gustaría, todavía algunas cosas me parecen muy moralistas y represivas, como el consejo de no estar enfadado. ¿Dónde me estoy perdiendo?».

Te estás perdiendo porque has olvidado por completo que el espacio entre veinticinco siglos es un gran espacio. Necesitas que Pitágoras renazca. Eso es lo que estoy haciendo al hablar de él. Esto le está dando un nuevo significado, un nuevo cuerpo de palabras —palabras que puedas entender, palabras que tengan sentido para ti, palabras con las que te puedas relacionar.

En el porche de un hostal apartado había un cartel colgado que decía: «Alquilamos habitaciones. Comida. Atmósfera rural». El hostal no era nada sofisticado, pero una noche, un brillante Cadillac negro se paró frente a él. Sus propietarios se habían perdido y se dispusieron a pasar la noche allí.

El hombre y la mujer eran gente importante de la ciudad, vestían ropas lujosas, salieron del Cadillac como si fueran los dueños del mundo. Desdeñosos de la vida rural, pero desesperados por una habitación para pasar la noche, la pareja ni siquiera fingía que les gustara la idea de quedarse en el hostal. Parecían estar por encima de todo.

Después de registrarse en el mostrador, la pareja entró al comedor del hostal. Ignorando el menú del día, el hombre puso un dólar sobre la mesa y dijo: «Por esto, quiero comida, bebida y diversión».

A los pocos minutos, el hostelero regresó con dos rajas de sandía. «¿Han pedido comida, bebida y diversión? Aquí tienen, puede comer la pulpa, beber el jugo y jugar con las semillas».

Has explicado convincentemente que la conciencia es la única virtud y la inconciencia el único pecado. ¿Cómo puede un ser corriente, no iluminado, encontrar suficiente energía para mantenerse consciente el mayor tiempo posible?

En realidad, se necesita más energía para ser desdichado que para ser feliz, porque la felicidad es un estado natural. Para estar feliz no hace falta ninguna energía, es algo natural. Para ser desdichado sí, porque es algo innatural. Cuanto más natural eres, menos energía necesitas; cuanto más innatural quieres ser, más energía necesitas.

Se necesita menos energía para mantenerse sobre los pies que para mantenerte sobre la cabeza, inténtalo. Cada vez que sientes que necesitas más energía, es porque estás intentando hacer algo innatural.

La meditación no necesita energía, porque la meditación es pasividad, inacción, silencio. No estás haciendo nada —¿por qué ibas a necesitar energía? La ira necesita energía, pensar necesita energía, la violencia necesita energía porque se trata de algo que va en contra de la naturaleza, que lucha contra la naturaleza. Es como intentar nadar a contracorriente. Si te dejas llevar por la corriente, no necesitas ninguna energía. Puedes ir al río e intentarlo: si te dejas llevar por la corriente, ¿para qué vas a necesitar energía? El río te llevará... pero si intentas ir a corriente arriba, necesitarás mucha energía porque estarás luchando contra la fuerza de la corriente.

El mulá Nasrudín Estaba sentado a la puerta de su casa observando caer la lluvia cuando alguien llegó corriendo y le dijo: «¡Ven rápidamente! ¡Tu mujer se ha caído al río!».

El mulá salió corriendo hacia el río. Allí, se había hecho un gran corrillo de gente, pero nadie había tenido el suficiente valor para saltar al río —era muy peligroso, se trataba de una gran riada. El mulá saltó inmediatamente —y empezó a nadar corriente arriba.

La gente, al verlo, le decía entre risas con tono burlesco: «¿Pero qué haces, mulá? ¿Por qué intentas nadar corriente arriba?».

Él contestó: «¡Cállense! Yo sé lo que me hago. Si ha caído al río, debe haber ido a contra corriente arriba, ella no puede haber ido a favor de la corriente. Nunca hace las cosas de forma natural. Conozco a mi mujer».

Pero si vas contra la corriente, tienes que luchar. ¿Por qué la gente parece tan cansada? Porque todo el mundo está luchando. Tu religión te enseña a luchar. Tu educación se basa por completo en el conflicto, porque el ego sólo puede ser creado a través de la lucha. Cuando te relajas, el ego desaparece. Relajarse significa deshacerse del ego. Si vas con la corriente, no puedes crear ego.

El ego es un fenómeno innatural; crearlo requiere una gran energía. Y mantenerlo también requiere una gran energía. Tener un ego es un fenómeno muy caro. Malgastas toda tu vida en ello.

Así que, en primer lugar, me gustaría decirte que la conciencia no necesita energía. Aunque pueda sorprenderte, lo que necesita energía es la inconciencia. La meditación no necesita energía, pensar sí necesita energía. ¡La relajación no necesita energía! La tensión sí necesita energía; la angustia y la ansiedad sí necesitan energía.

Así que, dejémoslo claro desde el principio: la persona iluminada vive sin conflicto —no necesita de ninguna energía. Y cuando uno no está en lucha, cuando no está disipando su energía, ocurre un milagro: a través de él, empieza a fluir más energía. Cuando no estás luchando contra el río, el río te lleva a hombros. Cuando no estás luchando con la vida, el río te lleva a hombros.

No presiones al río —el río no es tu enemigo— y se liberará una gran energía en ti.

En segundo lugar, dices: «Cómo puede un ser corriente, no iluminado...».

Nadie es un ser corriente —iluminado o no iluminado, nadie es un ser corriente. Nada puede ser corriente, porque todas las cosas están llenas de divinidad —¿cómo vas a ser corriente? Un dios puede estar dormido, eso se puede entender, pero no puede ser corriente. La diferencia entre tú y un buda no tiene nada que ver con ser corriente o extraordinario, la única diferencia es: que tú estás profundamente dormido, roncando, y él está despierto. Él es extraordinario, tú eres extraordinario; o si prefieres la palabra corriente, entonces él es corriente y tú eres corriente.

Toda la existencia es, o bien extraordinaria, o bien corriente —puedes elegir la palabra que más te guste. A mí no me atrae la palabra «extraordinario». Pero recuerda, toda la existencia tiene el mismo sabor; no introduzcas en ella la división de lo ordinario y lo extraordinario. ¿Por qué siempre estamos dividiendo? Ésa es, de nuevo, la forma de actuar del ego. Queremos hacer grandes cosas, así que tenemos que dividir las grandes cosas de lo que no lo son.

Precisamente el otro día, leía las memorias de David Manners. Decían así:

En cierta ocasión, un amigo trajo a mi cabaña en el desierto a un hombre santo, un viejo monje, Zenzaki San. Mi amigo lo invitó a sentarse en una silla en mi habitación y se marchó dejándole allí, en ese momento yo estaba seriamente ocupado en el pequeño cuarto de baño, y desde mi habitación se podían oír claramente todos los sonidos emitidos en el cuarto de baño. Nunca había sentido tanta vergüenza y cortedad. ¡Vaya una bienvenida para un hombre santo! Finalmente, me atreví a salir y presentarme, pero el viejo monje se puso en pie de un salto, se sacudió la ropa y dijo: «Ahora, voy yo», y se fue directo al baño. No tuve más remedio que reírme, y esa risa se llevó toda mi vergüenza. Empecé a admirar a aquel viejo monje antes de haberle dirigido ni una palabra.

De hecho, estoy seguro de que el maestro lo hizo a propósito —sólo para apartar la vergüenza.

Todo es sagrado... incluso los sonidos procedentes del cuarto de baño. Todo es divino, sagrado. De hecho, hasta tu dormir es divino y sagrado, tu inconciencia es divina y sagrada. Inconsciente o consciente, son dos maneras de estar, pero el ser siempre es sagrado, santo. Puedes darle el nombre que quieras, pero recuerda el sabor de la vida, de toda la vida, es uno.

Has explicado convincentemente que la conciencia es la única virtud y la inconciencia el único pecado. ¿Cómo puede un ser corriente, no iluminado, encontrar suficiente energía para mantenerse consciente el mayor tiempo posible? Te estás equivocando. No se trata de esforzarse para ser consciente. Si te esfuerzas para ser consciente, estarás creando tensiones en tu interior —todos los esfuerzos provocan tensiones. Si intentas ser consciente, estarás luchando contigo mismo; no hay necesidad de luchar. La conciencia no es producto del esfuerzo. La conciencia es una fragancia del relax, la conciencia es un florecimiento de la rendición, de la relajación.

Simplemente, siéntate relajado y en silencio, sin hacer nada... y la conciencia empezará a ocurrir. No es algo que tengas que sacar de alguna parte, no es algo que tengas que traer de alguna parte. Se derramará sobre ti desde ninguna parte. Emanará de tus propias fuentes interiores. Tú, simplemente, estate sentado y en silencio.

Pero entiendo tu problema. Estar sentado en silencio es muy difícil; los pensamientos no dejan de aflorar. ¡Pues deja que vengan! Si no luchas con los pensamientos, no necesitarás ninguna energía. Simplemente deja que vengan —¿qué le vas a hacer? Las nubes vienen y van; deja que los pensamientos vengan y que, luego, se vayan cuando quieran. No estés en guardia, ni mantengas una actitud determinada respecto a si los pensamientos deberían venir o no —no juzgues. Deja que vengan, y que se vayan cuando quieran. Tú estate completamente vacío. Los pensamientos pasarán, vendrán y se irán, y, poco a poco, te irás dando cuenta de que puedes estar sin sus idas y venidas te afecten. Y cuando sus idas y venidas no te afectan, empiezan a desaparecer, se evaporan... no por tu esfuerzo, sino por tu estado de tranquilidad, de calma, de vacío, de relajación.

Y no me digas que para relajarse se necesita mucha energía. ¿Cómo se va a necesitar mucha energía para relajarse? Relajarse significa, precisamente, no hacer nada.

Sentado en silencio,

sin hacer nada,

llega la primavera

y la hierba crece por sí sola...

Deja que este mantra entre en tu corazón. Es la verdadera esencia de la meditación... *Sentado en silencio... sin hacer nada... llega la primavera...* y la hierba crece por sí sola... ¡Todo ocurre! Tú no tienes que ser el hacedor.

No conviertas a la conciencia en tu meta; eso significaría que no me has comprendido. Yo simplemente he dado una definición, he dicho que la conciencia es virtud y la inconciencia pecado. ¿Qué ha ocurrido en la mente del que ha hecho la pregunta? —ha empezado a pensar: «Si la conciencia es virtud, ¿cómo puedo conseguirla? Y si la inconciencia es pecado, ¿cómo puedo deshacerme de ella?». Entonces surge la cuestión de la energía—desde el mismo momento que preguntas, ya estás pidiendo más energía. Entonces surge el problema: «No tengo la suficiente energía para luchar con la inconciencia, ni tengo la suficiente energía para crecer en conciencia».

De ahí, la pregunta: «Soy una persona corriente, no iluminada —¿qué puedo hacer? Esas son cosas que pueden hacer los budas...». Pero ¿sabes? Buda era tan corriente como tú y tan poco iluminado como tú. Tampoco él siempre fue un buda.

Un día *ocurrió* —y repito, porque es un dato digno de tener en cuenta, que ocurrió cuando estaba sentado bajo un árbol, completamente relajado, sin hacer nada. Llevaba seis años haciendo toda clase de esfuerzos para iluminarse, pero, una y otra vez, había fracasado. En esos seis años no había habido más que frustración, y había hecho todo lo humanamente posible: ayunar, yoga, respiración, había intentado todas las diferentes metodologías disponibles en India. ¡Lo había intentado todo!

Casi se había destrozado a sí mismo con largos ayunos. Esa tarde, esa fatídica noche de luna llena, estaba tan cansado y frustrado que tomó una decisión: «Todo es fútil. He llegado a la conclusión de que el mundo es fútil» —ya había visto suficiente. Él era hijo de un rey. «He renunciado al mundo y no ha servido de nada. Ahora renuncio a todo este absurdo ascetismo. También renuncio a la búsqueda de la verdad; también es absurda. No sirve de nada, hagas esto o aquello, ni de una forma ni de otra. ¡No se consigue nada! Todo es fútil, absurdo».

Abandonar la búsqueda de la verdad debe haberle supuesto una enorme frustración. Esa noche debió respirar profundamente, debió relajarse. Todo se había acabado —no había a dónde ir, nada que hacer. Y, entonces, ocurrió. Esa noche, ocurrió.

La mañana siguiente, cuando abrió los ojos, la última estrella estaba desapareciendo del cielo, y con la estrella, algo, el último rastro de ego también desapareció de él. Esta desaparición empezó a provocar algo en él —una sincronía— y desapareció hasta el último rastro del ego, hasta su sombra. Ya no había hacedor alguno. E, inmensamente, toda la existencia se derramó sobre él.

La leyenda cuenta que llovieron flores. Dios danzó alrededor de él, sonaba una música celestial. Fue una gran celebración para toda la existencia. Y Buda estuvo allí sentado en silencio, sin moverse, durante siete días. ¿Crees que para eso se necesitó energía? ¿Cómo se va a necesitar energía para eso? No fue, en absoluto, una cuestión de acción, sino de no-acción. Y a su debido tiempo, cuando llegó la primavera, la hierba, por sí sola, creció. No necesitas tirar de la hierba.

No se necesita ninguna energía. Tú eres perfectamente capaz de volverte consciente tal como eres, pero tendrás que aprender los caminos de la relajación y la despreocupación, no los del conflicto, la lucha, la pelea.

¿Por qué siempre provoco desdicha a mi alrededor? Estoy empezando a darme cuenta de que, inevitablemente, elijo este círculo vicioso. ¿Es la propia elección la desdicha?

Sí, la propia elección es la desdicha fundamental. Ella es la fuente de todas las demás desdichas. En cuanto eliges, has dejado de ser total; has elegido algo y has rechazado algo. Te has puesto de un lado; te has puesto a favor de algo y en contra de algo. Ya no eres total. Si dices: «Elijo la meditación y nunca más volveré a estar enfadado». Acabará surgiendo desdicha —no surgirá meditación, sólo surgirá desdicha. Entonces serás desdichado en nombre de la meditación— uno puede encontrar bonitos nombres para su propia desdicha.

La elección en sí es la desdicha. Ser no-electivo es ser feliz. Tienes que verlo —¡tienes que hacer por verlo! Tienes que ver, tan profundamente como sea posible, que la propia elección es desdicha. Aunque elijas la felicidad, se creará desdicha. No elijas en absoluto... y luego, mira a ver qué pasa.

Pero no elegir es muy difícil. Siempre hemos estado eligiendo; nos hemos pasado la vida eligiendo, pensando: «Si no elegimos nosotros, ¿quién elegirá por nosotros?». Si nosotros no decidimos, ¿quién decidirá por nosotros? Si nosotros no luchamos, ¿Quién luchará por nosotros? Nos hemos creído la estúpida idea de que la existencia está en nuestra contra, que tenemos que luchar, que tenemos que mantenernos constantemente en guardia con la existencia.

La existencia no está en tu contra. Tú eres, sencillamente, una ola en este océano, no estás separado de la existencia —¿cómo va a estar la existencia en tu contra? ¡Formas parte de ella! Ha sido la existencia quien te ha parido —¿cómo va a estar una madre en contra de su hijo? Eso es lo que yo llamo conciencia religiosa. Entender este punto es volverse religioso. Entonces, aunque no seas hindú, cristiano o musulmán... serás religioso. En realidad, si eres hindú, cristiano o musulmán, no puedes ser religioso; no has entendido en absoluto la profundidad de la conciencia religiosa.

¿Qué es la conciencia religiosa? La existencia es nuestro hogar; pertenecemos a ella, ella pertenece a nosotros. Así que, no hay por qué preocuparse, y no hace falta luchar por metas o fines privados. Uno se puede relajar con ella —con sol, con viento, con lluvia. Uno puede relajarse con ella. El sol es tan parte de nosotros como nosotros somos parte de él; los árboles son tan parte de nosotros como nosotros somos parte de los árboles. Simplemente, date cuenta de que toda la existencia es una interdependencia, una red tremendamente complicada donde todo está unido a todo lo demás. Nada está separado.

Entonces, ¿qué sentido tiene elegir? Entonces, lo que quiera que seas, vívelo en tu totalidad.

El problema surge porque en tu interior te encuentras con polos opuestos, y la mente lógica se pregunta: «¿Cómo se puede ser ambos polos?». En cierta ocasión, alguien me preguntó: «Siempre que me enamoro, la meditación se perturba. Siempre que medito, empiezo a perder interés en el amor. ¿Qué puedo hacer? ¿Qué debo elegir?». La idea de la elección surge por las polaridades. Sí, es cierto: si vas hacia el amor, tenderás a olvidarte de la meditación, y si vas hacia la meditación, perderás interés en el amor. ¡Pero aun así, no hay necesidad de elegir! Cuando te apetezca ir hacia el amor, ve hacia el amor —no elijas. Y cuando te apetezca ir hacia la meditación, ve hacia la meditación —no elijas. No hay necesidad de elegir.

Además, el deseo de ambas cosas nunca surge a la vez. Eso es algo que hay que entender, es de vital importancia: el deseo de ambas cosas nunca surge a la vez. Es imposible —porque el amor es el deseo de estar con otra persona; el amor significa estar enfocado en el otro. Y la meditación significa olvidarse del otro y enfocarse en uno mismo. Ambos deseos no pueden surgir a la vez. Cuando quieres estar con otra persona, significa que estás cansado de ti mismo. Y cuando quieres estar contigo mismo, significa que estás cansado del otro. ¡Es un hermoso ritmo!

Estar con otro provoca en ti un profundo deseo de estar solo. Se lo puedes preguntar a los amantes —es un deseo imperioso que todos los amantes sienten surgir en alguna ocasión. Pero les da miedo estar solos porque piensan que eso puede dañar el amor, además, qué pensaría su pareja —el otro se puede sentir ofendido. Aunque quieran estar solos, que les dejen solos, fingen que no es así. Aunque quieran su propio espacio, fingen y siguen estando juntos. Ese fingimiento es falso, es destructivo para el amor, falsea tu relación.

Cuando te apetezca estar solo, con todo el respeto, con todo el amor, dile al otro: «Está surgiendo en mí un gran deseo de estar solo, y tengo que hacerlo —no es una cuestión de elección. Por favor, no te ofendas. No tiene nada que ver contigo; se trata, simplemente, de mi propio ritmo interno». Además, eso también ayudará al otro a ser auténtico y sincero contigo. Y, poco a poco, si realmente amas a esa persona, los ritmos se empezarán a aunar —ése es el milagro, la magia del amor. Cuando realmente hay amor entre dos personas, ése es un resultado es seguro, una consecuencia segura: ambos empezarán a sentir al mismo tiempo el deseo de estar juntos y el deseo de estar separados. Entrarán en un ritmo: unas veces se juntará, estarán juntos y se disolverán el uno en el otro olvidándose por completo de sí mismos; y otras, se saldrán de la unión, se separarán, se apartarán a su propio espacio para ser ellos mismos —se convertirán en meditadores.

No hay por qué elegir entre la meditación y el amor. Ambas cosas han de ser vividas. Lo que sea que surja en ti, cualquiera que sea el deseo más profundo en el momento, ve con ello.

Preguntas: «¿Por qué siempre provoco desdicha a mi alrededor?». Tienes que haber alguna recompensa en ello. Tienes que estar sacando alguna compensación de ello; si no, ¿para qué iba uno a provocar desdicha? Algunas veces la desdicha puede proporcionarte enormes beneficios. Puede que seas consciente de ellos o puede que no, así que sigues pensando: «¿Por qué sigo provocando desdicha?». No eres consciente de que tu desdicha está proporcionándote algo que quieres.

Por ejemplo, cuando eres desdichado, la gente es comprensiva contigo. Cuando eres desdichado, tu mujer te acaricia la cabeza, te da un masaje, es muy cariñosa, no te regaña, no te causa ningún problema, no te pide más diamantes o un coche nuevo. Cuando eres desdichado hay muchos beneficios. Puede que sólo sea porque tienes miedo de que tu mujer te vaya a pedir un coche nuevo —ha pasado un año y han salido modelos nuevos. En ese caso, ser desdichado simplemente tiene un sentido económico. Así que llegas a casa con dolor de estómago, con dolor de cabeza y con mala cara, así, tu mujer no se atreve a hablar de un coche nuevo. ¿Eh? Porque tú estás muy mal.

Tienes que mirar a tu alrededor. Por la mañana, cuando llega el autobús y tienen que ir al colegio, a los niños, inmediatamente, les empieza a doler el estómago. ¡Y tú lo sabes! Sabes por qué le duele el estómago a Juanito. Pero a ti te ocurre lo mismo. No hay mucha diferencia; es lo mismo —puede que de una forma más sofisticada, más astuta, mejor racionalizada, pero es lo mismo.

Cuando la gente empieza a fracasar en sus vidas, se provocan ataques al corazón, tensión alta, y todo tipo de cosas. Son racionalizaciones —¿qué le vas a hacer? ¿Te has fijado en que los ataques al corazón y la tensión alta casi siempre llegan alrededor de los cuarenta y dos años? ¿Por qué alrededor de los cuarenta y dos años? De repente, una persona sana sufre un ataque al corazón. A los cuarenta y dos años, la vida llega a cierta conclusión —ya sabes si has triunfado o has fracasado. Después de esa edad no hay muchas esperanzas: si habías de hacer dinero, a los cuarenta y dos años, ya deberías haberlo hecho —porque los días de mayor energía y fuerza ya han pasado. A los treinta y cinco se alcanza la cima. Puedes alargarlo siete años más —pero, en realidad, ya llevas siete años yendo hacia abajo —ya has hecho todo lo que podías hacer, cuando llegas a esa edad, a los cuarenta y dos años, de repente te das cuenta de que has fracasado. Ahora necesitas alguna racionalización... inmediatamente, llega el ataque al corazón. ¡Es una gran ayuda, una bendición de Dios! Ahora puedes acostarte tranquilamente en la cama y decir: «Qué le voy a hacer. El ataque al corazón ha dado al traste con todo. Cuando todo estaba a punto de ir bien, cuando estaba a punto de triunfar, de ganar mucho dinero, llega este ataque al corazón». El ataque al corazón es un buen camuflaje; ahora nadie podrá decir que la culpa es tuya, que no has trabajado duro, que no has sido lo bastante inteligente. Nadie podrá decirte nada por el estilo. Ahora, la gente sentirá simpatía por ti; todos serán buenos contigo y dirán: «Qué se le va a hacer. Es el destino».

Si eliges la desdicha una y otra vez, es porque te da algo, y tienes que ver qué es lo que te está dando —sólo entonces podrás deshacerte de ella. Es la única manera de deshacerse de ella. Hasta que no estés dispuesto a renunciar a los beneficios, no podrás deshacerte de ella.

El director del Centro de Reclusión de élite le estaba mostrando su nuevo modelo de prisión a un reportero. «Hijo —le dijo el director—, esto es lo último en prisiones. Si tiene éxito, todas las prisiones seguirán este modelo».

«He observado que tiene pistas de tenis y piscinas», comentó el reportero.

«Y todas las celdas enmoquetadas —añadió el director—. Aunque ya no las llamamos celdas, sino unidades».

«También hay bonitos televisores a todo color en cada unidad».

«Eso no es todo. También tenemos un gran auditorio donde, cada fin de semana, actúan los mejores artistas».

«Me encanta el comedor, con esos grandes murales».

«Sí, además, los presos piden a la carta y la comida del chef es exquisita».

«Lo más fascinante que he observado —remarcó el reportero—, es que no hay barrotes ni vallas ni casi guardias».

«Eso se debe a que nadie se quiere escapar», dijo el alcalde sonriendo.

«¿Y cómo podría solicitar una plaza?», preguntó el reportero.

Si las prisiones fueran tan bonitas, ¿quién iba a querer salir de ellas? Y, si no sales de tu prisión, piénsatelo: tiene que haber algo en ella. Puede que sea porque está enmoquetada, tiene televisor a todo color, aire acondicionado, hermosas pinturas, sin barrotes, sin guardias... ¡te da una sensación de absoluta libertad! ¿Por qué iba a intentar escapar de ella?

Es lógico que el reportero pregunte: «¿Cómo podría solicitar una plaza?». La pregunta no es cómo salir de allí, sino cómo entrar.

Observa de nuevo tu desdicha; no la condenes de antemano. Si la condenas de antemano, no podrás observar. De hecho, ni siquiera deberías llamarlo desdicha, porque nuestras palabras tienen connotaciones. Cuando lo llamas desdicha, ya lo has condenado; y cuando condenas algo, estás cerrado a ello, no te fijas en ello. No lo llames desdicha. Llámalo X, Y o Z —hay una gran diferencia. Llámalo X, cualquiera que sea la situación —sé un poco más matemático, llámalo X, entra en ello y mira a ver de qué se trata, cuáles son sus beneficios, cuál es la principal razón por la que sigues creándolo, por qué te aferras a ello. Y seguro que te sorprendes: lo que has estado llamando desdicha tiene muchas cosas que te encantan.

Hasta que no hayas visto eso, y qué cosas te gustaría tener, no serás capaz de cambiar nada.

Entonces hay dos posibilidades. Una de ellas es que dejes de pensar en salir de esta desdicha —porque los beneficios son tan grandes que la aceptas. Y aceptar la desdicha es una transformación.

La otra posibilidad es que, viendo que eres tú mismo quien provoca tu desdicha con tus propios deseos inconscientes, y que esos deseos inconscientes son estúpidos, viendo toda la estupidez del asunto, dejes de apoyarla. Entonces desaparecerá por sí sola.

Ésas son las dos posibilidades: o desaparece tu apoyo y la desdicha se evapora, o, simplemente, la aceptas porque te gustan todas las cosas que te aporta, la das la bienvenida —y en esa misma bienvenida, ¡también, desaparece la desdicha!

Son las dos caras de una misma moneda. Pero requiere comprensión —una comprensión total de tu desdicha —entonces, serás transformado. Esa comprensión hará o bien que la abandones por completo o bien que la aceptes por completo. Ésas son las dos formas, la negativa y la positiva, de que ocurra la transformación.

Barney visitó a su primo Delbert en Tasonia, un pequeño pueblo en el medio oeste.

«Detesto este pueblo —confesó Delbert—. Lo detesto con toda mi alma».

«¿Por qué?», preguntó Barney.

«Por los impuestos. Pagamos más impuestos que ningún otro pueblo —se quejó Delbert—. Yo odio los impuestos».

«Los impuestos son necesarios para llevar el gobierno», explicó Barney.

«Sí, pero aquí hay demasiados. ¿Te has fijado en que la mayoría de los edificios en este pueblo son de un solo piso? Es debido a que hay un impuesto por cada piso sobre el suelo».

«Eso no es tan terrible», contestó Barney.

«Ah no, ¿has visto muchas casas con jardín a la entrada?».

«Muy pocas, lo admito».

«Es debido a que hay impuestos sobre los jardines».

«¿Qué es aquel espacio verde al final de la cuadra?».

«Es el cementerio del pueblo, donde enterramos a la gente a la que se le tasa hasta matarla».

«Si odias tanto a este pueblo, ¿por qué no te marchas?».

«Porque no quiero pagar los impuestos por traslado y transporte».

Simplemente observa tu desdicha: o bien te parecerá que merece la pena mantenerla —en cuyo caso, acéptala, acéptala por completo— o bien te parecerá que no merece la pena mantenerla —en cuyo caso, por el mero hecho de darte cuenta, desaparecerá.

Para más información

Para más información acerca de Osho, la meditación
y el OSHO International Meditation Resort, visita:

www.OSHO.com

Facebook.com/Oshointernational

YouTube/OSHOInternational

Si quieres acceder a las OSHO Talks originales en inglés
visita: *https://www.audible.com/author/Osho/*

Acerca del autor

Osho desafía cualquier intento de clasificación. Sus miles de charlas abarcan desde la búsqueda individual de sentido, hasta los problemas sociales y políticos más urgentes de la sociedad actual. Los libros de Osho no fueron escritos, sino transcritos a partir de grabaciones de audio y video de sus charlas espontáneas ante audiencias internacionales. Como él mismo dice: «Recuerda: lo que estoy diciendo no es sólo para ti... también hablo para las generaciones futuras».

El *Sunday Times* de Londres lo ha descrito como uno de los «1000 creadores del siglo XX», y el escritor estadounidense Tom Robbins lo llamó «el hombre más peligroso desde Jesucristo». El *Sunday Mid-Day* (India) lo incluyó entre las diez personas —junto con Gandhi, Nehru y Buda— que han cambiado el destino de India.

Sobre su propia obra, Osho afirmó que está ayudando a crear las condiciones para el nacimiento de un nuevo tipo de ser humano. A este nuevo ser lo describe a menudo como «Zorba, el Buda»: capaz de disfrutar tanto de los placeres terrenales de un Zorba, el griego, como de la serenidad silenciosa de un Gautama, el Buda. El hilo conductor de todas sus charlas y meditaciones es una visión que integra tanto la sabiduría intemporal de todas las épocas pasadas, como el máximo potencial de la ciencia y la tecnología actuales (y futuras).

Osho es reconocido por su contribución revolucionaria a la ciencia de la transformación interior, con un enfoque de la meditación que toma en cuenta el ritmo acelerado de la vida contemporánea. Sus exclusivas OSHO Active Meditations® están diseñadas primero para liberar las tensiones acumuladas en el cuerpo y la mente, de modo que luego sea más sencillo experimentar la quietud y la relajación sin pensamientos en la vida diaria.

Está disponible en español una obra autobiográfica del autor:

Autobiografía de un místico espiritualmente incorrecto, de Editorial Kairós.

Acerca del Osho International Meditation Resort

Ubicación:

Situado a 100 millas al sureste de Mumbai, en la próspera y moderna ciudad de Pune, India, el OSHO International Meditation Resort es un destino vacacional diferente. El Resort de Meditación se extiende sobre 28 acres de espectaculares jardines en una hermosa zona residencial arbolada.

Meditaciones OSHO

Un programa diario completo de meditaciones para todo tipo de personas incluye tanto métodos tradicionales, como revolucionarios, en particular las OSHO Active Meditations®. Las meditaciones se llevan a cabo en lo que podría ser el salón de meditación más grande del mundo: el Auditorio OSHO.

OSHO Multiversity

Sesiones individuales, cursos y talleres abarcan desde artes creativas hasta salud holística, transformación personal, relaciones y transiciones de vida, la integración de la meditación como estilo de vida en lo personal y lo laboral, ciencias esotéricas, y el enfoque «Zen» para el deporte y la recreación.

El secreto del éxito de la OSHO Multiversity radica en que todos sus programas se combinan con la meditación, apoyando la comprensión de que, como seres humanos, somos mucho más que la suma de nuestras partes.

Gastronomía

Diversos espacios ofrecen deliciosa comida vegetariana occidental, asiática e india —la mayoría cultivada de manera orgánica especialmente para el resort. Panes y pasteles se hornean en la propia panadería del lugar.

Vida nocturna

Cada noche hay múltiples actividades para elegir —¡el baile ocupa el primer lugar! Otras opciones incluyen meditaciones de luna llena bajo las estrellas, espectáculos variados, presentaciones musicales y meditaciones aplicadas a la vida diaria.

También puedes simplemente disfrutar de encuentros en el Plaza Café, o pasear en la serenidad nocturna de los jardines de este entorno de cuento de hadas.

Instalaciones

En la Galería puedes adquirir todos los productos básicos y artículos de tocador. La OSHO Multimedia Gallery ofrece una amplia gama de productos multimedia de OSHO. Además, el campus cuenta con banco, agencia de viajes y un Cyber Café. Para quienes disfrutan de las compras, Pune ofrece de todo: desde productos tradicionales y artesanales de India hasta las principales marcas internacionales.

Alojamiento

Puedes optar por hospedarte en las elegantes habitaciones de la OSHO Guesthouse, o bien, para estancias más largas en el campus, elegir uno de los programas OSHO Living-In. Además, hay una amplia variedad de hoteles y apartamentos con servicios en las cercanías.

www.osho.com/meditationresort

www.osho.com/guesthouse

www.osho.com/livingin

Para más información:

WWW.OSHO.com

Un sitio web multilingüe y completo que incluye una revista, libros de OSHO, charlas de OSHO en formatos de audio y video, el archivo textual de la Biblioteca OSHO en inglés e hindi, así como amplia información sobre las Meditaciones OSHO.

También encontrarás el calendario de programas de la OSHO Multiversity y detalles sobre el OSHO International Meditation Resort.

Sitios web:

www.OSHO.com/AllAboutOSHO
www.OSHOtimes.com
www.Facebook.com/OSHO.international
www.YouTube.com/OSHOinternational
www.Twitter.com/OSHO
www.Instagram.com/OSHOinternational

Para contactar con OSHO International Foundation:
www.osho.com/oshointernational
oshointernational@oshointernational.com